BEITRÄGE ZUR PHILOSOPHIE

Neue Folge

UWE JOCHUM

Lesezeug

Das Buch zum Buch

Universitätsverlag
WINTER
Heidelberg

Bibliografische Information der Deutschen Nationalbibliothek
Die Deutsche Nationalbibliothek verzeichnet diese Publikation in der Deutschen Nationalbibliografie; detaillierte bibliografische Daten sind im Internet über *http://dnb.d-nb.de* abrufbar.

ISBN 978-3-8253-4900-4

Imprimé en Allemagne · Printed in Germany
Umschlaggestaltung: Klaus Brecht GmbH, Heidelberg
Druck: Memminger MedienCentrum, 87700 Memmingen

Gedruckt auf umweltfreundlichem, chlorfrei gebleichtem und alterungsbeständigem Papier

Den Verlag erreichen Sie im Internet unter:
www.winter-verlag.de

Inhalt

Nichts führt sicherer in vollkommene Barbarei als
eine ausschließliche Bindung an den reinen Geist.

Paul Valéry

I Ist das Buch ein Artefakt?

Bücher sind Dinge. Keine von Natur aus vorkommenden Dinge, sondern von Menschen gemachte. Solche von Menschen gemachten Dinge nennen wir »Artefakte«, ein Wort, in dem die lateinischen Wörter *ars* (Geschicklichkeit, Fertigkeit, Kunst) und *factum* (das Gemachte) zusammengefunden haben. Das Wort zielt darauf, daß Menschen, wenn immer sie Dinge herstellen, eine Vorstellung von dem benötigen, was sie eigentlich herstellen wollen, und ein gehöriges Maß an handwerklich-technischem Geschick und an Sachverstand im Hinblick auf das zu bearbeitende Material und die Werkzeuge, die sie zur Herstellung der Dinge brauchen.

Die Geschichte der Artefakte reicht soweit zurück wie die Geschichte des Menschen: Daß es zu bestimmten weit zurückliegenden Zeiten und an bestimmten Orten bereits Menschen gab, schließt man aus den gefundenen Dingen, die aufgrund ihrer Bearbeitungsspuren als menschliche Artefakte gelten; dazu muß man das Ding als Ganzes und die auf ihm zu findenden Spuren als Zeichen einer absichtlichen Bearbeitung durch Menschen verstehen können und nicht als Geröllabrieb oder als Formung durch Wind und Wasser. Das heißt nichts anderes, als daß wir Menschen und Artefakte zusammendenken müssen: Wir schließen von den Artefakten auf die Menschen, die sie hervorbrachten; und wir erwarten von den Menschen, daß sie Artefakte hervorbringen. Das eine ist nicht ohne das andere.

Das gemeinsame Vorkommen von Artefakten und Menschen nennen wir »Kultur«. Sie ist ein Zeit-Raum, angefüllt mit Artefakten, deren Machart Typisches aufweist, so daß wir das Typische vom Untypischen trennen können, die Vorstufen des Typischen von ihrer Höchstform und diese wiederum von ihrer Verfallsform, die ein kulturelles Ende sein mag oder der Beginn einer neuen Form von Kultur. Immer aber bleiben Kulturen mit Artefakten gefüllte Zeit-Räume, die eine räumliche und zeitliche Grenze haben: Hier ist etwas noch nicht, dort nicht mehr, damals ist es entstanden, in Zukunft wird es nicht mehr hergestellt werden. Diese zeit-räumlichen Grenzen der Artefakte sind als Kulturgrenzen immer auch Menschengrenzen. Sie trennen nicht nur den Menschen überhaupt von dem ihn umgebenden Nichtmenschlichen, sondern auch die Menschen der einen Kultur von den Menschen der anderen Kultur, jene, die in ihr Schreibzeug von links nach rechts schreiben, von jenen, die darauf von rechts nach links schreiben.

Aber weil die Grenze nur Grenze sein kann, wenn es ein Hüben und Drüben gibt, das man kennt, ist die Grenze immer Trennung und Übergang zugleich: Die Menschen wechseln mit ihren Artefakten von der einen auf die andere Seite der Grenze, willentlich oder unwillentlich, verschwinden auf Nimmerwiedersehen auf der anderen Seite oder kommen von dort mit neuen Dingen zurück. Die neuen Dinge von jenseits der Grenze werden in die Kultur diesseits der Grenze inkorporiert oder auch nicht, gebraucht oder weggeworfen. Dabei folgt man einer Richtschnur, die sich im Laufe der Zeit und von Ort zu Ort zwar wandeln mag, immer aber davon ausgeht, daß es Gültiges gibt, dem das Andere, das von woandersher stammt, sich anzupassen hat. Wir nennen das den »kulturellen Kanon«, das Insgesamt der von Menschen gemachten Dinge, die einer Kultur als vorbildlich-nachahmenswert gelten: all jene Artefakte, mit denen sich eine Kultur identifiziert.

Dieser kanonische Innenraum der Kultur, der ein mit Artefakten gefüllter Zeit-Raum ist, interpretiert die Welt, wie die jeweilige Kultur sie versteht. Das zeigt sich uns zunächst und zumeist nicht als Sache des Kopfes, sondern der Hand: Wer ein Artefakt namens »Hammer« benutzt, weiß, welche Materialien damit bearbeitet werden können und welche nicht; er lernt, wie sich seine Welt unter dem Aspekt des Hämmerns darstellt: was hämmerbar ist und was nicht, woraus das Material besteht, was man damit herstellen und wozu man es brauchen kann. Das jeweilige Artefakt weist damit über sich hinaus auf eine Welt, die sich in seinem Gebrauch erschließt. Und weil alle, die mit einem Hammer umzugehen wissen, im Prinzip dieselbe Erfahrung machen können, erschließt sich im Gebrauch des Artefakts für alle dieselbe Welt: aus meiner Welt, die sich mir im Hämmern öffnet, wird die Welt aller Hämmernden: unsere Welt.

Ich habe diese Welt nicht erfunden, niemand hat das. Es ist einfach ebenjene Welt, die sich im Gebrauch der Artefakte erschließt und damit für alle öffentlich wird. Ihre Grenze liegt in den Artefakten selber, darin, wozu sie gebraucht werden können und wozu nicht, in ihrer – mit Heidegger zu sprechen – »Zuhandenheit«. Um beim Hammer zu bleiben: Man kann mit ihm hämmern, mit einigem Geschick kann man mit seiner Finne auch einen Nagel aus der Wand hebeln, und man kann ihn als Waffe benutzen und einen anderen Menschen damit erschlagen; aber man wird niemals mit ihm sägen können, und niemals wird er sich als Stuhl eignen.

Kurz: Die Artefakte erschließen uns die Welt, ohne daß wir dabei ein bewußt-begriffliches Wissen von dem haben müssen, was die Artefakte und die von ihnen erschlossene Welt wesentlich sind; es genügt, wenn wir den Hammer, den wir gebrauchen wollen, aus der Menge der Werkzeuge im Hinblick auf das beabsichtigte Werk auszuwählen wissen, also einen Vorbegriff vom Hammer und seiner »Zuhandenheit« haben. Sobald wir dann mit dem Hämmern beginnen, finden wir uns in einer Welt, die gehämmert werden kann und sich uns unter diesem Aspekt eröffnet. Und so nicht nur mit allen Werkzeugen, sondern mit allen von Werkzeugen hergestellten Artefakten, der Gürtelschnalle, der Vase, dem Buch: Wir gebrauchen sie in der Weise, in der sie sich gebrauchen lassen, und in diesem Gebrauch zeigt sich uns die Welt.

Was aber geschieht, wenn sich beim Hämmern der Kopf vom Stiel des Hammers löst, der Stuhl unter uns zusammenbricht oder die Seiten sich aus dem Buch lösen? Dann wird uns in der Störung des Dinggebrauchs schlagartig klar, was »Hämmern« heißt, was

»Sitzen« und was »Lesen«; dann tritt die Zuhandenheit der Artefakte als solche hervor und mit ihr die Welt, die sie erschließen. Es ist ein Hervortreten durch Desorientierung: Im Versagen der Dinge werden wir aus der gewohnten Bahn geworfen und müssen uns neu ausrichten, indem wir uns in einer bewußten Anstrengung auf das Ding und die Welt einlassen und beide neu verfugen, in Gedanken, Worten und Taten. Die Reparatur des Artefakts ist daher keine einfache Beseitigung der aufgetretenen Störung, sondern eine Neubereitung der Welt; sie ist für uns dank der Störung im Dinggebrauch als eine Welt sichtbar geworden, in der wir leben, weil wir Artefakte gebrauchen, die sie uns zugänglich macht. Jetzt plötzlich wissen wir, in welcher Hinsicht und warum die Welt oder das Ding uns etwas bedeuten; jetzt können wir es uns und anderen klarmachen und sagen.

Wir gebrauchen vieles, aber wir wissen wenig. Es wäre mühsam, wenn wir, um zu wissen, jedesmal darauf warten wollten, bis ein Werkzeug sich uns versagt oder ein Artefakt zu Bruch geht und wir dadurch genötigt werden, uns neu zu orientieren und die Bedeutung der Welt zu rekonstruieren.

Das geht, seit es den Menschen gibt, auch anders: Der Mensch gebraucht seit jeher Artefakte nicht nur zu dem, wofür sie hergestellt wurden (den Hammer zum Hämmern), sondern er gebraucht sie bisweilen auch so, daß sie aus ihrem zuhandenen Gebrauchskontext herausgehoben werden und im Verlust der Zuhandenheit als Zeichen dienen können, die auf anderes hindeuten (der Hammer als Wegzeichen). Und er nutzt Artefakte, die diesen Zeichengebrauch explizit machen und ihm nicht nur sagen sollen, was es mit den Dingen, den Lebewesen, den Menschen, den Engeln und Gott und der Welt auf sich hat, sondern auch daran erinnern, daß die Bedeutung von Gott und der Welt sich nur so, im Gebrauch von Zeichen, erschließen läßt.

Während der Mensch im Gebrauch von Artefakten zunächst und zumeist in einer zuhandenen Welt agiert, über die er nicht eigens reflektiert, übersteigt er mit den als Zeichen dienenden Artefakten die vorbegriffliche Zuhandenheit und erkennt die Welt als die von ihm bezeichnete und beherrschte Welt.

Auch von diesen als Zeichen dienenden Artefakten gilt, daß ihre Geschichte so weit zurückreicht wie die Geschichte des Menschen. Es ist eine Geschichte, die mit den ersten Ritzungen in Knochen beginnt, vor rund 400 000 Jahren, die sich fortsetzt in gefärbten Schneckenhäusern, Ockerstücken mit Einkerbungen, geschnitzten Figurinen (vor 35 000 Jahren), zu denen die auf Höhlenwänden zu findenden realistischen Darstellungen und abstrakten Zeichen hinzukommen (vor 18 000 Jahren), sich fortsetzt in freistehenden Stelen mit Reliefs, in münz- bis handtellergroßen Täfelchen mit figürlichen und abstrakten Zeichen (vor 12 000 Jahren), sich fortsetzt in den in Ton eingepreßten Abdrücken von Zählsteinen, aus denen in Mesopotamien in einem seit etwa 3300 v. Chr. ablaufenden Prozeß Tontafeln hervorgehen, in die man mit einem Keil eine Schrift ritzt, während man in Ägypten in einer parallel verlaufenden Entwicklung dazu übergeht, Schriftzeichen mit einem Pinsel auf Papyrusblätter aufzutragen, in beiden Fällen aber seit etwa 2700 v. Chr. über eine Schrift verfügt, die zum ersten Mal in der Geschichte der Menschheit in der Lage ist, Sprachlaute zu notieren. Die Antike beerbt diese ägyptische Schrifttradition, schreibt also zumeist auf Papyrusblätter und nicht auf Tontafeln und klebt die Blätter zu Rollen zusammen, bis am Ende der Antike die Papyrusrolle vom Pergamentkodex abgelöst wird, der schon so aussieht wie unser modernes Buch, und zu Beginn der Neuzeit das Pergament als Beschreibstoff durch das Papier ersetzt wird und das Schreiben mit der Hand durchs Drucken mit metallenen Lettern. Seit dem 19. Jahrhundert sorgen schließlich neue drucktechnische Herstellungsprozesse dafür, daß man Bücher in großen Mengen und billig auf einen »Markt« werfen kann, auf dem ein hochgradig lesekundiges Publikum nunmehr die Qual der Wahl hat.

Dieser Schnelldurchgang durch die Geschichte ebenjener Artefakte, die Zeichen sind, macht deutlich, daß es sich um Objekte handelt, bei denen die Zeichen nicht vom Beschreibstoff zu trennen sind. Welcher Art auch immer die Zeichen sein mögen – ob es sich um Ritzungen handelt oder um Kerbungen oder um auf die Fläche eines Beschreibstoffs aufgetragene farbige Zeichen, die für konkrete Dinge und Lebewesen oder Laute oder abstrakte Konzepte stehen –, immer verbinden sie sich fest mit der Oberfläche des Beschreibstoffs und bilden mit ihm eine materielle Einheit.

Diese Einheit verfugt drei Dimensionen, den Punkt des einzelnen Zeichens, der sich zur Linie als gerichteter Folge von Zeichen dehnt, die Fläche als ebene Anordnung der Punkte und Linien, und den Raum als Schichtung der Zeichenflächen. Dank dieser dreidimensionalen Verfugung ist ein zeichentragendes Artefakt keineswegs nur deshalb von Bedeutung, weil wir den in die Fläche ausgreifenden Zeichenlinien womöglich einen Sinn zu entnehmen vermögen, sondern gerade auch deshalb, weil die materielle Einheit der drei Dimensionen dazu führt, daß die Frage nach der Bedeutung des Artefakts, die sich in jeder seiner drei Dimensionen stellt, zuletzt sich aus der Verfugung der Dimensionen ergibt: Das einzelne Zeichen erfährt seine Bedeutung aus der Zeichenlinie, in der es steht, die ein bedeutsames Strukturelement der Zeichenfläche ist, die zusammen mit anderen Zeichenflächen das bedeutende Artefakt als dreidimensional-dingliches Objekt konstituiert.

Und damit sind wir beim Buch. Es ist das konkrete Objekt, in dem ein Text von uns dadurch materialisiert und festgeschrieben wird, daß wir alle drei Dimensionen des Objekts nutzen; es ist das konkrete Objekt, dessen Gebrauch in der Lektüre darin besteht, die drei Dimensionen zueinander ins Verhältnis zu setzen. Was auch immer der Text im einzelnen bedeuten mag, stets *ist* er das Buch, in dem er feststeht; er ist das, was im Wortsinn *begriffen* werden kann und sich uns in der bedeutsamen Verfugung von Punkt, Linie, Fläche und Raum darbietet. Daher beginnt jede Lektüre eines Buches mit der grundlegenden Geste der Raumöffnung, indem wir das Buch aufschlagen und uns mit den Händen und Augen hineinbegeben in das dimensionale Gefüge, in dessen Relationen wir Bedeutungen entdecken. Alles ist *im* Buch und damit innerhalb der materiellen

Grenze, die das Artefakt abschließt und in diesem Abschluß seinen Bedeutungsraum konstituiert: als Zeiger auf den Zeit-Raum einer Kultur.

Die Bedeutung eines Buches als Zeiger auf einen kulturellen Zeit-Raum ist ein Innen, das zugleich ein Außen ist. Denn vom Buch als Artefakt gilt, was von allen Artefakten gilt: Es hat eine Grenze, die es von anderen Artefakten mit anderen Bedeutungen trennt; aber weil seine Grenze zugleich die Kontaktfläche zu anderen Artefakten ist, ist seine Bedeutung nicht nur in seinem Innen diesseits der Grenze zu suchen, sondern auch im Außerhalb jenseits der Grenze, in all den anderen Artefakten vom Typus »Buch«, mit denen es zusammensteht. Denn in diesem Zusammenstehen zeigt sich das einzelne Buch auf all die anderen Bücher neben ihm verwiesen und bildet mit ihnen zusammen den Bedeutungsraum jener Kultur, die für das Zusammenstehen der Bücher sorgt. So wie daher die Bedeutung eines Buches ausgreift von innen nach außen, sich vom einzelnen Zeichen über die Zeichenlinie, die Blattfläche und den Buchinnenraum über die Buchgrenze hinweg auf die anderen Bücher im selben Kultur-Zeit-Raum erstreckt, so formiert ein Kultur-Zeit-Raum ein Ensemble von Büchern, in denen sich die Bedeutung dieses Zeit-Raumes dinglich manifestiert und vom Ensemble hinuntergreift auf das einzelne Buch, auf seine Seiten, Zeilen und Zeichen. Wir nennen dieses zusammenstehende Außen von Büchern, das ein Innen von Kultur ist, »Bibliothek«. Auch sie steht nicht alleine, auch sie hat Grenzen, die Ausschluß und Einschluß sind und auf andere Bibliotheken verweisen, die demselben oder einem anderen Kultur-Zeit-Raum angehören und hinter denen als letzter Horizont die allen Kultur-Zeit-Räumen gemeinsame Welt sichtbar wird.

Wenn die Bedeutung des Buches ein Innen ist, das zugleich ein Außen ist, dann ist der Buchstabe das Innen des Wortes, das Wort das Innen des Satzes, der Satz das Innen der Seite, die Seite das Innen des Buches, das Buch das Innen der Bibliothek, die Bibliothek das Innen der Kultur, die Kultur das Innen der Welt – und die

Welt? Sie ist das Innen Gottes, der als Geist hinabreicht bis zum Tüpfelchen eines i. Denn nichts in der Welt begegnet uns unvermittelt, liegt blank vor unseren Sinnen, so daß wir in einem zweiten Schritt erst darüber nachzudenken hätten, wie wir es benennen und definieren können. Vielmehr ist alles, was ist, je schon von uns gewußt als das, was es ist: Es ist Baum oder Schlange oder Buch, ein Gewußt-Sein, das zu den Dingen und zur Welt nicht sekundär und äußerlich hinzukommt, sondern immer schon da ist und unserem individuellen Denken und Sprechen vorausliegt.

Dieses Gewußt-Sein ist stets begrifflich, äußert sich also so, daß wir uns auf einen konkreten Gegenstand nicht in der Weise seiner Besonderung beziehen, sondern ihn als Repräsentant eines Allgemeinen betrachten, das wir in einem Begriff zum Ausdruck bringen (Baum, Schlange, Buch), der uns in die Lage versetzt, in der Welt kompetent zu handeln: den Baum pflegen wir, die Schlange fangen wir, das Buch öffnen wir. All das tun wir nicht nur als Individuen, sondern in Gemeinschaft mit anderen, und daher ist der Begriff nicht nur im Hinblick auf das mit ihm Bezeichnete ein Allgemeines, sondern auch im Hinblick auf die Menschen, die gemeinsam handeln.

Dieses Allgemeine hat Hegel »Geist« genannt. Er ist »objektiv«, weil wir in unserem begrifflich orientierten gemeinsamen Handeln Artefakte und gesellschaftliche Formen aller Art hervorbringen, in denen sich unser Weltbezug manifestiert und wir den Sinn, den das alles für uns hat, objektivieren; und er ist »absolut«, weil wir gar nicht anders können, als uns im Modus des Gewußt-Seins und also begrifflich zur Welt zu verhalten, so daß wir zuletzt feststellen müssen, daß der Geist all unserem Weltverhalten vorausliegt und alles, was ist – Natürliches und Geistiges, Objekte und Subjekte, Sein und Denken –, auf einem Grund aufruht, der die schiedliche Einheit von Geist und Natur ist. Diesen Grund nennen wir seit alters »Gott«; er ist Gegenstand und Zielpunkt unseres Denkens und zugleich der anfängliche Modus des Erscheinens von Welt, in der er sich auslegt.

So ist es nun zwar richtig, daß uns im Alltag die Zuhandenheit der Dinge genügt. Aber kein Ding könnte zuhanden sein, wenn wir nicht einen Vorbegriff seiner Tauglichkeit hätten und damit ein implizites Wissen vom jeweiligen Ding und seiner Welt. In der Störung der Zuhandenheit wird daher das implizite begriffliche Wissen nicht einfach explizit, vielmehr zeigt sich, daß die scheinbar so schlichte Zuhandenheit in einem Geist ruht, der unsere Welt insgesamt von innen her weitet. Kein Artefakt ist zunächst ein bloßes materielles Etwas, dem wir sodann von außen eine Form überstülpen, so daß es zu dem wird, was es ist. Vielmehr begegnet uns das Ding und erst recht das Artefakt immer schon als geformte Materie, die wir mit einem Begriff als das, was sie jeweils ist, bezeichnen. Daher verweisen uns die Artefakte nicht nur auf die formende Kraft des Menschen, sondern durch den Menschen hindurch auf den Geist, der der menschlichen Formkraft vorausliegt und dafür sorgt, daß die Welt sich uns insgesamt als geformte und damit vom Geist je schon erschlossene zeigt.

Das schönste Symbol für diese geformte Zeichenhaftigkeit der Welt ist ebenjenes Artefakt, das wir »Buch« nennen. In seiner dimensionalen Verfugung verweist es von innen nach außen und von außen nach innen und bildet damit strukturell die Welt nach, die ohne den auf Gott zeigenden Geist nicht zu denken ist und ohne Gott nicht existieren würde. Es ist daher kein Zufall, daß das Buch, in dem die dimensionale Verfugung von Welt als geformtes Zeichen manifest wird, zuletzt immer auf Gott verweist, in dem der Sinn der Zeichen ruht: Das Buch ist als Artefakt eben kein bloßes innerweltliches Objekt; und es geht auch nicht darin auf, ein mit handwerklich-technischem Geschick und Sachverstand hergestelltes Ding zu sein; vielmehr ist es als Artefakt ein Zeichen der Transzendenz und daher in seinem Grund heilig. Das Buch ist, wenn es wirklich ein Buch ist, immer eine Bibel.

II Ist das Buch ein Medium?

Die Medienwissenschaft sagt uns, das erste Medium sei der Mensch gewesen: Die Frau, deren Fruchtbarkeitszyklus kosmischen Rhythmen folgt, kam als Mittlerin zwischen Mensch und Kosmos in den Blick und wurde kultisch zur »Großen Mutter«; der Mann, der als Jäger durch das Töten des Tieres in die Natur eingreift, mußte in einem Opferritual Sühne leisten, um von seiner Schuld befreit zu werden. So erfuhr sich der Mensch von Anfang an nicht nur von Geburt und Tod begrenzt, von außen, sondern er erfuhr ebenso, daß die beiden Grenzen durch ihn als Akteur hindurchgehen, von innen. Sich zu diesen Grenzen zu verhalten hieß folglich immer schon, sich zu sich selbst als Mensch zu verhalten, zu einem Ursprung und einem Ziel, die als das Jenseits der Welt im Diesseits erfahren und von den Menschen als ein Göttliches verehrt werden. Darauf bauen die kultisch-rituellen Formen des Kontakts zu den Göttern auf, getragen von der Hoffnung, im Diesseits das Jenseits beeinflussen zu können, und ausgeübt von Spezialisten, die diesen Kontakt *in persona* und damit als Sprachrohre des Unverfügbaren vermitteln: Schamanen, Zauberer, Medizinmänner, Seher, Priester und Propheten, aus deren Mund die Götter einst sprachen und für viele Menschen heute noch sprechen.

Die Neuzeit verlor den Geschmack an dieser Art von Kontakt. Man wollte immer weniger vom unverfügbaren Jenseits hören und immer mehr über das verfügbare Diesseits und das in der Welt Machbare sprechen; man wollte die Grenzen des Verfügbaren ausweiten und das Ärgernis beseitigen, daß wir nicht in der Lage sind, uns selbst zu machen und dem Tod ein Schnippchen zu schlagen. Während daher die letzten Impulse, vom göttlichen Jenseits direkte Kunde zu erhalten, in der zweiten Hälfte des 19. Jahrhunderts in

Séancen versandeten, bei denen eine Person, die als Medium agierte, von Verstorbenen, Geistern und Engeln Nachricht gab, griffen immer mehr Menschen lieber zum Telephon, um mit all jenen ihrer Zeitgenossen ins Gespräch zu kommen, die wie sie selbst an der Welt und an dem, was man in ihr tun könnte, interessiert waren.

Aber man wurde dabei das Medium nicht los. Es blieb im Telephon erhalten als das Fräulein vom Amt, das die Gespräche vermittelte, indem es die Anschlüsse der sprechwilligen Teilnehmer durch ein Kabel miteinander verband. Um diese Art von Verbindung herzustellen, mußte das Fräulein nicht mehr auf ausgeklügelte Rituale und bewußtseinserweiternde Drogen zurückgreifen, es genügte jetzt, nach einer Einarbeitungszeit die richtigen Kabel in die richtigen Buchsen zu stecken und den Teilnehmern mit amtlich vorgegebenen Sätzen das Zustandekommen ihrer Verbindung zu melden. Aus dem religiösen Fest, das jenseits des Alltags die Götter gefeiert hatte, wurde eine amtsvermittelte Alltagskommunikation, die das Fräulein vom Amt in ihren Dienststunden herstellte; das feierlich-gemeinschaftliche Singen und Musizieren mit nach oben gerichteten Augen und Armen wich einem unaufhörlichen apparategestützten Miteinandersprechen der Menschen, unbeobachtet von Gott und von ihm nicht gehört.

Im Hintergrund aber wachte das Fräulein vom Amt über die Telephonate, schaltete die Leitungen frei oder schaltete sie ab, und natürlich hörte die Telephonistin auch immer wieder in die Gespräche hinein. Sie war die unverzichtbare Dritte in einem Bund, den sie kabelverbindend und auf Zeit stiftete, ein Bund ganz im Diesseits der Welt, ein Bund, dessen Teilnehmer keinen Schwur mehr leisten mußten und auf Beschneidung verzichten durften, solange sie die Rechnungen bezahlten, die für die Gespräche anfielen.

Natürlich war das Fräulein vom Amt kein Medium aus eigenem Recht. Was es tat, tat es im Rahmen einer staatlich administrierten Fernmeldetechnik, die auf Menschen angewiesen war, deren Aufgabe in der Freischaltung der Verbindungen zwischen den Teilnehmern bestand. Sobald man es technisch heraushatte, wie man diese Verbindungen automatisch herstellen konnte, ließ sich das Fräulein vom Amt als überflüssiges Medium aus dem technischen System herauskürzen.

Was blieb, waren die menschlichen Teilnehmer mit ihren Kommunikationsbedürfnissen; was blieb, war das technische Fernmeldesystem, das die Teilnehmer miteinander verband; was blieb, war ein Medium, das nun endlich ganz ohne Dazwischenkunft eines Menschen Verbindungen herstellte – ein Medium als reine Technik des Verbindungsauf- und -abbaus, transzendenzlos, drogenfrei, ohne auf Gott orientierende Rituale, perfekt alltagstauglich und nicht nur zu Festzeiten in Betrieb; ein technisches System als kommunikativer Funktionszusammenhang. Das ist es, was heutzutage alle Welt »Medium« nennt.

Diesen Funktionszusammenhang haben die beiden Mathematiker Claude Shannon und Warren Weaver in ihrem 1949 veröffentlichten Buch über *The mathematical theory of communication* als allgemeines Schema eines Kommunikationssystems wie folgt notiert:

Sender ⟶ Signal ⟶ Empfänger

Dabei dient der Sender dazu, eine Nachricht, die aus einer Nachrichtenquelle stammt, in ein Signal zu wandeln, so daß umgekehrt der Empfänger nur dazu dient, das empfangene Signal in eine Nachricht zurückzuwandeln, die für ein Nachrichtenziel relevant ist. Der technische Kern des Schemas liegt folglich in der Signalübertragung, die über einen Kanal erfolgen muß. Dabei wird das Signal durch allerlei technisch bedingte Störungen beeinträchtigt, so daß jedes Kommunikationssystem das Problem zu lösen hat, wie das im Kanal übermittelte Signal vom Empfänger ohne Informationsverlust dekodiert werden kann.

Das alles scheint recht trivial. Und es ist diese scheinbare Trivialität, die dem obigen Schema zu einer ungeheuren Popularität verholfen hat, bis hin zur Literaturwissenschaft, die in den 1960er

Jahren anfing, ihren Gegenstandsbereich, also »die Literatur« im allgemeinen und »das Buch« im besonderen, als Kommunikationssystem zu betrachten, in dem das Buch die Rolle eines Kanals zu spielen hatte und die Buchstaben im Buch mit Signalen identifiziert wurden. Das war um so attraktiver, als die 1976 veröffentlichte deutsche Übersetzung des Buches von Shannon/Weaver den Titel *Mathematische Grundlagen der Informationstheorie* trug und damit suggerierte, das Sender-Signal-Empfänger-Schema sei so etwas wie das Grundmodell der an den Universitäten aus der Kommunikationswissenschaft hervorgehenden Informationswissenschaft oder Informatik.

Für diese neue Wissenschaft lieferten Shannon/Weaver auch gleich den Grundbegriff des »Bits« bzw. der »Information«, der als das Maß für die Auswahl von Nachrichten aus einem Nachrichtenvorrat dienen sollte: Wählte man aus zwei gleich wahrscheinlichen Nachrichten eine aus, dann betrug der Informationsgehalt der übertragenen Nachricht genau ein Bit. Da man diesen fachterminologischen mit dem alltagssprachlichen Informationsbegriff aber alsbald vermischte und folglich meinte, die in einem Kanal von einem Sender an einen Empfänger übertragene Information sei dasselbe wie ein »Wissen« – was auch immer das sein mochte –, rückte das Buch aus dieser Perspektive in die Vorgeschichte der allerneuesten Medientechnik ein: Es war ein sehr früher Kanal für die irgendwie auf Informationen beruhende Wissensvermittlung, die nun auf allerneuestem technischem Stand mit dem Computer als Kanal fortgesetzt wurde; nur daß das Buch, anders als der Computer, keinen Strom braucht, um eine Nachricht, eine Information oder eben Wissen zwischen einem Sender (Autor) und einem Empfänger (Leser) zu übertagen. Trotz dieses kleinen Unterschieds war und ist man sich aber sicher, das bislang verborgene Telos der Mediengeschichte endlich enthüllt zu haben: daß es immer nur darum ging, einen »Content« (Information, Wissen) in einem technisch geeigneten »Container« (Buch, Computer) von A nach B zu übertragen.

Hier allerdings enden die scheinbaren Trivialitäten mit einem Schlag. Denn anders als diese flüssig erzählbare Mediengeschichte suggeriert, gehört das Buch nicht im geringsten in ein technisches Mediensystem vom Typ des Telephons, in dem ein Sender über einen Kanal Zeichen/Signale an einen Empfänger überträgt: Weder verbindet das Buch als ein Kanal den Autor (A) mit dem Leser (B), vielmehr hält es umgekehrt Autor und Leser auf Abstand, über Raum und Zeit hinweg; noch überträgt das Buch irgendwelche binär kodierten Signale in Form von temporären Modulationen des Papiers, sondern es enthält Zeichen, die durch Ritzen oder Pressen und also durch eine Drucktechnik dauerhaft auf dem Papier fixiert wurden. Mit anderen Worten: Das Buch ist kein Kanal, sondern ein Artefakt.

Daher muß, wer ein Buch liest, niemals warten, bis sich der Autor bei ihm meldet, um mit der Übertragung der Nachricht zu beginnen; es genügt, daß der Leser das Buch aufschlägt, um mit der Lektüre der auf dem Papier fixierten Zeichen zu beginnen. Der Leser kann das, weil das Buch als ein physisches Objekt von A (dem Autor, dem Verlag) nach B (zum Buchhändler, zum Leser) transportiert wurde; und ob dieser Transport eben erst oder vor einhundert Jahren stattfand, spielt für das Buch, den Autor und den Leser keine Rolle: Die auf dem Papier fixierten Zeichen sind immer noch da, nach Jahren, Jahrzehnten und Jahrhunderten; und sie werden dableiben, wenn wir die Lektüre beendet haben, noch für Jahre, Jahrzehnte und Jahrhunderte. Sie bleiben da als stumme Zeichen, durch die kein Autor der Welt wirklich zu uns spricht, auf daß wir seine Stimme vernehmen, sondern sie warten in ihrem Schweigen darauf, von uns gelesen und verstanden zu werden – eine ganz unwahrscheinliche Sache, weil wir nicht wirklich wissen können, was ein Autor zu einer anderen Zeit und an einem anderen Ort mit den Zeichen, die er zu Papier brachte, gemeint hat. Wir können ihn nicht fragen. Er bleibt abwesend.

Und dennoch lesen wir sein Buch, weil wir damit rechnen, im Verstehen der Zeichen einen Sinn zu finden, der uns beschenkt.

Denn jedes Buch ist eine Gabe; ein sinnreiches Geschenk, das wir, wie jedes andere Geschenk auch, begeistert annehmen oder gelangweilt zur Seite legen können. Es nötigt uns zu keiner Antwort. Es bleibt und wartet.

Es wartet auf das Auge des Lesers. Und wenn es kein Leser liest? Dann wartet es auf das Auge Gottes.

III Ist das Buch eine Maschine?

Im Prinzip wissen wir ganz gut, was eine Maschine ist: ein technisches Gerät, bei dem sich irgendwelche Teile bewegen, von einem Motor getrieben, so daß sich manchmal das ganze Gerät von einem Ort zu einem andern bewegt, manchmal auch nur innerhalb des Gerätes etwas bewegt und in seinem Zustand verändert wird. Das geht nicht ohne Lärm ab, nicht ohne Geruch und nicht ohne Dreck: Maschinen surren oder stampfen; sie riechen nach Benzin und qualmen und gasen; irgendwo tropft Öl.

Nichts könnte weiter von einer Maschine entfernt sein als ein Buch. Es bleibt dort liegen, wo wir es hinlegen; es bewegt sich nicht, es sei denn, der Wind würde über die aufgeschlagenen Seiten streifen und sie umblättern; es ist nicht geschaffen, um sich zu verändern, sondern um zu bleiben, was es ist. Und wenn es sich verändert, dann gleichsam nur pathologisch, weil es einen Wasserschaden hat oder von einem Pilz befallen wurde; ansonsten wird es, wie alles in der Welt, einfach älter, die Blätter vergilben, und die Sonne bleicht seinen Rücken. Aber es bleibt auch im Alter das Buch, das es in seiner Jugend war: Immernoch schweigt es und lärmt nicht, surrt nicht und stampft nicht; nirgendwo tropft Öl. Nur dem Staub hat es nichts entgegenzusetzen, er lagert sich auf ihm ab wie auf allem in der Welt. Und weil es aus organischen Stoffen hergestellt wurde, riecht es, manchmal nach frischem Leim, mit dem es gebunden wurde, manchmal modrig, wenn es lange in ungelüfteten Räumen warten mußte, manchmal nach dem Leder des Einbands oder nach schlechtem Papier.

Und dennoch: Das Buch, das so himmelweit von der Maschine entfernt scheint, ist ohne Bezug zur Maschine nicht zu denken. Das gilt offenkundig für das moderne Buch seit Gutenberg, der ja mit seinem Druckverfahren nichts weniger als ein technisches Gerät erfand, das die serielle Herstellung von Büchern erlaubte und damit den Grundstein für die moderne Massenproduktion legte, lange bevor Henry Ford in seinen Autofabriken die serielle Produktion durch das Fließband perfektionierte. Von Gutenberg aus führt der Weg direkt zu den modernen Druckereien, in denen lärmende und stampfende Maschinen, gelegentlich von der Größe eines Einfamilienhauses, mit viel Kraft- und Energieaufwand dafür sorgen, daß Buchseiten bedruckt werden. Es ist ein Weg, der von maschinell-technischen Ensembles, die, wie zu Gutenbergs Zeiten, von der Kraft von Menschen und Tieren abhingen, zu immer neuen Maschinenensembles führte, in denen zunächst Wasser und Wind, dann Wärme, Dampf und Elektrizität für die Bewegung der Geräte sorgten.

Geht man in die Zeit vor Gutenberg zurück, wird die Spur des Maschinellen zwar immer schwächer, aber sie verschwindet nicht völlig. Denn wir stoßen in jeder Epoche bis tief hinab an die Grenzen unserer Vorgeschichte auf eine Welt voller technischer Gerätschaften, die der Mensch mit viel Kunst und Sachverstand hergestellt hat. Es ist eine Welt voller Zeug, dessen Zuhandenheit aus dem Spielraum seiner Materialität resultiert, einer Materialität, der wir durch unsere Bearbeitung den Stempel des Geistes aufprägen; es ist die Welt der Artefakte, die soweit zurückreicht wie die Welt des Menschen. Von den lärmenden Maschinen mit ihren nichtmenschlichen Energieformen zurück zu den einfachen technischen Geräten, die ohne Menschenkraft nicht benutzt werden konnten; von den mit wenigen Ritzungen versehenen Knochen bis hin zu den elaborierten Codes für hochkomplexe industrielle Automaten – immer bewegen wir uns im Vor und im Zurück auf der Spur der Technik und der Artefakte.

In dieser Spur ist die Technik nicht bloß Gerät, nicht bloß Apparat, nicht bloß Maschine. Denn Gerät, Apparat und Maschine verweisen auf den Kontext, in dem sie zum Einsatz kommen; sie haben einen Zweck, den sie dank ihrer spezifischen Form mehr oder weniger gut realisieren können, und in dieser Form sind sie vom Geist des Menschen geprägte Materie. Man kann mit dem Ding namens Maschine etwas tun, und ob man es gut oder schlecht tun kann, entscheidet sich in seinem Gebrauch, bei dem sich entscheidet, ob die Form dem Zweck entspricht, ob die Gestalt der Maschine die Welt aufschließt, oder ob die Maschine zerbricht. Das läßt sich lehren und lernen, denn wenn jede Maschine, jeder Apparat und jedes Gerät einen Zweck zu erfüllen hat, dann läßt sich aus diesem Zweck das konstruktive Prinzip ableiten, das bei der Herstellung von Gerät, Apparat und Maschine angewendet werden muß. Dieses konstruktive Prinzip liegt der Gestalt des technischen Dings zugrunde, und weil das so ist, sitzt tief im Innern jedes technischen Geräts, jedes Apparats und jeder Maschine das Senfkorn des Geistes, das sich in der Maschine entfaltet.

Der Geist aber will nicht bloß einzelne Zwecke, er will immer die Welt im Ganzen, er will das Woher und Wohin der Welt und seiner selbst verstehen; dazu muß er auf sich selbst blicken und innewerden, daß er dabei immer zugleich auf den Ursprung von Welt und Geist schaut. An dieser Stelle endet alles Lehren und Lernen, hier endet die Technik; und es beginnt die Kunst als die freie Entscheidung des Künstlers, dem Ding eine Gestalt zu geben, die seinen Zweck vollkommen erfüllt, um in dieser vollkommenen Erfüllung aus Gerät, Apparat und Maschine ein Kunstwerk zu machen, das allen Zweck übersteigt und die Welt als sinnvoll erfahrbar macht.

Von was ich hier rede? Immer noch vom Buch, das Paul Valéry eine »vollkommene Lese-Maschine« genannt hat – nicht ohne sofort hinzuzufügen, es sei gleichzeitig ein »Kunstgegenstand«. Damit meint er jene Verfugung von Innen und Außen, die jedes Artefakt und also jedes Gerät, jeden Apparat und jede Maschine kennzeichnet: daß sich in ihnen der Geist entfaltet, freilich so, daß diese Entfaltung entlang der materiellen Möglichkeiten und der darauf aufbauenden konstruktiven Prinzipien geschieht, die wiederum auf die physiologischen Gegebenheiten von uns Menschen Antwort geben. Ein schönes und gutes Buch kann daher immer nur eines sein, dessen Typographie unserem Auge schmeichelt und zum Lesen verführt, dessen Papier nicht blendet, dessen Haptik ohne Stacheln ist, dessen Gewicht und Format uns angenehm erscheint und dessen Geruch uns anzieht. Ein gutes Buch – und das ist die Pointe von Valérys Überlegungen – kann nur eines sein, das wir *lesen* und zugleich *betrachten* wollen, weil es perfekte Konstruktion mit gutem Geschmack verbindet, weil es Technik und Wunder ist, Materie und Geist in ihrer unvordenklichen Verfugung, die wir Form nennen.

Denken wir das Buch daher als Form, dann denken wir es als Medium, als die Mitte zwischen Materie und Geist. In dieser Mitte können die Dinge, die Artefakte sind, zur Ruhe kommen und bleiben, bis irgendwann einmal das Ding zerfällt. Am Anfang des Artefakts aber stehen all jene technischen Kenntnisse und Verfahrensweisen, die das Artefakt überhaupt erst herzustellen erlauben. Auch wenn diese technischen Kenntnisse und Verfahrensweisen über die Technik hinaus zur Kunst drängen, unterliegen sie für sich selbst einem zweckrationalen Kalkül, das auf operative Beschleunigung dank Kosten-, Ressourcen- und Zeitminimierung setzt, um durch diese Minimierungen einen maximalen Effekt zu erzielen: maximale Verbreitung des Artefakts und daraus resultierend maximalen Gewinn. Dies ist die Zone der technischen Unruhe, in der minimierend-maximierende Erfindungen aufeinander folgen, das Artefakt zum Gerät, dieses zum Apparat und dieser endlich zur Maschine wird; in der die Zeit des Handwerks durch die Zeit der Industrie abgelöst wird; in der das kostbare Einzelstück durch die billige Massenware verdrängt wird; in der das bewährte Alte durch das immerzu Neue ersetzt wird.

All unsere Artefakte stammen aus dieser technischen Zone der Unruhe, aber, und das ist das Wunderbare, sie kehren sich in ihrem ruhigen Bleiben gegen diese Unruhe. Das liegt nicht nur daran, daß sie den technisch-maschinellen Herstellungsprozeß als ein Produkt verlassen, das keiner weiteren Bearbeitung unterliegt und ebendeshalb zur Ruhe kommen kann; es liegt vielmehr gerade daran, daß das Artefakt das Senfkorn des Geistes, das in ihm entfaltete Gestalt wurde, sinnlich greifbar und anschaulich macht und darin zur kontemplativen Ruhe drängt: Wer wissen und sehen will, was das Artefakt jeweils ist, der muß es in Gebrauch nehmen in der Weise, wie es in Gebrauch genommen sein will, und in diesem Gebrauch übersteigt er zuletzt alles eilfertige Machen und findet sich in der Zone eines Gelingens wieder, von der aus es nur ein Schritt zum ruhigen Verweilen und Beschauen ist. Das Buch als Artefakt in seiner Verfugung von Innen und Außen, von Geist und Materie, Wunder und Technik potenziert dieses Wunder des Bleibens, weil es nicht einfach ein Objekt ist, das bleibt und weilt, sondern weil es seit Tausenden von Jahren Zeichen trägt, die uns von diesem Bleiben und Weilen des Geistes zu erzählen wissen.

Das vollkommene Buch ist daher die »vollkommene Lese-Maschine«, weil es der vollkommene Kunstgegenstand ist, ein Buch, dessen Drucktype nicht nur sinnliches Wohlgefallen hervorruft und das Auge beim Lesen unterstützt, sondern ganz transparent wird auf den Geist, dessen Kraft es durch und durch geprägt hat. Das Buch transzendiert die Maschinensphäre und ist in seinem Wesen kenotisch: Es ist das Medium, in dem Geist und Materie sich immer schon versöhnt haben.

IV Hat das Buch eine Biographie?

Bücher haben einen Rücken, einen Kopf, gar einen Kopfschnitt, einen Fuß und Gelenke und einen Schwanz; sie haben einen Körper, der dem einer Frau gleichen mag (wie Casanova meinte) oder dem eines Kindes; man kann zu ihnen sprechen oder ihnen zuhören; man kann sich mit ihnen anfreunden oder sie hassen; und wenn der Haß zu groß wird oder auch nur die Langeweile im Umgang mit ihnen, dann kann man die Bücher beseitigen. Offenbar ist das Buch ein dankbares Objekt für Körper- und Menschenmetaphern, mit deren Hilfe wir nicht nur einen (emotionalen) Bezug zum Buch herstellen und uns und das Buch dabei wahlweise auf- oder abwerten (Reden, Zuhören, Lieben, Hassen, Frau, Kind), sondern auch fachsprachlich diese oder jene Objekteigenschaft hervorheben (Rücken, Kopf, Kopfschnitt, Gelenk, Schwanz).

Aber sind das wirklich nur Metaphern? Gehen wir nicht tagein und tagaus mit Artefakten um, zu denen wir ein derart emotional-geistiges Verhältnis ausgebildet haben, daß sie für uns bisweilen die Stelle eines lebendigen Menschen vertreten, daß wir sie lieben oder hassen oder das Glück des Besitzens empfinden (das neue Smartphone)? Haben diese Artefakte für uns nicht ebenso eine Geschichte wie Menschen eine Geschichte haben (Omas altes Kaffeeservice)? Lesen wir nicht geradezu an der Geschichte eines Artefakts die Geschichte jener Menschen ab, die es hergestellt und benutzt und vererbt haben? Und weisen Ethnologen nicht zurecht darauf hin, daß es eine ganze Reihe von Kulturen gibt, in denen Menschen als Dinge behandelt wurden und werden, so daß sie wie eine Ware gehandelt werden können – ein merkwürdiger Vorgang, der darauf hinzudeuten scheint, daß die Grenze zwischen Menschen und Dingen nicht gar so dicht ist, wie wir das zumeist meinen?

Viele, die diese Fragen mit einem Ja beantworten, schließen aus dem Ja darauf, daß der Stoffwechsel der Natur und ihrer Lebewesen sich auf der Ebene der Kultur als kultureller Stoffwechsel reproduziert und dort dafür sorgt, daß Objekte jeder Art bis hin zu den als Objekten betrachteten Lebewesen und Menschen assimiliert und wieder abgestoßen werden. Dann aber — so schließt man weiter — haben die im kulturellen Stoffwechsel zirkulierenden Artefakte ganz offensichtlich wie Lebewesen eine Biographie: eine Herkunft und eine Zukunft im Rahmen ihres Gebrauchs. Sie führen wie Menschen ein »soziales Leben«, haben eine »Persönlichkeit«.

Und schon hätten wir uns, wenn wir diesem Schluß folgen würden, auf einem Holzweg verlaufen. Denn wir hätten den grundsätzlichen Unterschied zwischen Natürlichem und Künstlichem mißachtet, einen Unterschied, den Aristoteles vor nicht ganz zweieinhalbtausend Jahren im zweiten Buch seiner *Physik* (die eine philosophische Naturkunde ist) auf den Begriff gebracht hat: Erstens nämlich hat Natürliches »in sich selbst den Anfang von Veränderung und Bestand«, im Gegensatz zu Künstlichem, das durch ein anderes hergestellt werden muß. Und daraus folgt zweitens, daß das Natürliche auf eine bestimmte Gestalt als Ziel von sich aus zuwächst, eine Gestalt, die in jeder ihrer Formen stets Natur bleibt und im Erreichen des Zieles das Wesen des jeweiligen Lebewesens verwirklicht. Das Künstliche hingegen erhält seine Gestalt nach Maßgabe der von uns Menschen gefundenen handwerklichen Regeln, die dazu dienen, ein »Werk« — ein handwerkliches Stück, ein Kunstwerk, ein technisches Werk, kurz: ein Artefakt — herzustellen. »Ein Mensch wird aus einem Menschen gezeugt, nicht aber eine Liege aus einer Liege«, schreibt Aristoteles in entwaffnender Klarheit. Der Mensch, der von Beginn an Mensch ist und nichts anderes, wächst sich zum ausgewachsenen Menschen aus und stirbt dann allmählich wieder ab; ein Bett aber wird aus totem Holz gemacht, dem man nicht ansieht, daß es zu einem Bett werden kann, weil das Bett im Holz von Natur aus nicht angelegt ist, vielmehr muß der Mensch dem Holz als einem Werkstoff in einem handwerklichen

Verfahren und mit äußerer Kraft die Form des Bettes einprägen. Das eine ist Ergebnis einer der Natur innewohnenden Teleologie, das andere ist Ergebnis einer dem Menschen mitgegebenen Poetologie.

Wenn wir daher wissen wollen, was das jeweilige Lebewesen ist, dann schauen wir auf sein Telos und also auf die in ihm stets präsente Zukunft: Was es jeweils ist, ist das, was es als Lebendiges von selbst noch werden kann. Wenn wir hingegen wissen wollen, was das vor uns liegende Artefakt ist, dann schauen wir auf seine Herkunft aus den handwerklich-technischen Verfahrensweisen und auf die Stoffe, die bearbeitet wurden: Was es ist, ist das, wozu wir es aus etwas anderem gemacht haben.

Das heißt übrigens nicht, daß wir Lebewesen und damit eben auch Menschen stets als rein zukünftig betrachten und Artefakte für uns in den zurückliegenden Entstehungsbedingungen und den daraus folgenden jetzigen Gebrauchsweisen aufgehen würden. Vielmehr ist es so, daß sich mit dem Tod der Lebewesen ihr zukunftsoffener Möglichkeitsraum schließt; nach dem Tod bleiben nur noch die Erinnerungen an ein Leben, das abgeschlossen vor uns liegt; nun erst, in der Rückschau, wissen wir, wer dieser konkrete Mensch wirklich war. Bei den Artefakten hingegen, die uns zunächst als fertige Produkte begegnen, folgt auf das Ende ihres Gebrauchs eine unbekannt lange Zeit als Müll oder als museales Objekt, so daß sich die Gebrauchsgeschichte unter negativem Vorzeichen fortsetzt: Das nicht mehr gebrauchte und auf der Müllhalde deponierte Artefakt wird zu einem Objekt gemacht, dem man den Zerfall in seine Stoffe erlaubt; oder es wird ins Museum gestellt und damit zu einem bewahrenswerten kulturellen Zeichen gemacht, das nun für die Dauer seines Bewahrtwerdens auf die einstigen Produktions- und Gebrauchsbedingungen zurückverweist.

Für Lebewesen also gilt das *genitum, non factum*, das »gezeugt, nicht geschaffen«; für Artefakte hingegen gilt umgekehrt das *factum, non genitum*, das »geschaffen, nicht gezeugt«. Lebewesen haben daher eine Biographie, deren Verlauf einer Parabel gleicht: eine Wachstumsphase führt auf ihrem Höhepunkt zur vollständigen

Ausbildung der Gestalt, die in einer Abbauphase wieder zurückgenommen wird, bis endlich der Tod die Gestalt vollständig auflöst. Artefakte hingegen haben eine Nutzungsgeschichte, deren Verlauf einer fallenden Linie gleicht: auf den Anfangs- und Höhepunkt des (gebrauchs-)fertig hergestellten Gegenstandes – er ist makellos neu – folgt eine lange Abbauphase, in der das Objekt ge- und vernutzt wird, bis es zum Schluß unbrauchbar geworden ist.

Hinzu kommt, daß die Biographien der Lebewesen stets mehr sind als Ansammlungen äußerer Fakten. Biographien sind wesentlich Geschichten von der Entwicklung innerer Anlagen, die sich in die Gestalt der Lebewesen einprägen. Davon weiß freilich nur ein Lebewesen: der Mensch. Er lebt daher nicht einfach vor sich hin, wird alt und stirbt; sondern er weiß, daß sein Leben ein Altern und Sterben ist. Es ist für ihn eine Herausforderung, diese Innenperspektive des Lebens zu kennen und von seinem Altern und Sterben zu wissen. Und daher hat er sich, seit es ihn gibt, dieser Herausforderung so gestellt, daß er sich mit einer Welt aus zeichentragenden Artefakten umgab, die ihm halfen, den Sinn dieses seines Weltverhältnisses zu enthüllen und festzuhalten, um denen, die nach ihm kamen, etwas von diesem Sinn mitzuteilen. Wenn wir die verschiedenen zeichentragenden Artefakte, mit deren Hilfe der Mensch im Laufe seiner Geschichte nach Sinn suchte, etwas großzügig »Buch« nennen, dann kommt in den Blick, daß die Geschichte des Menschen die Geschichte des Buches ist, in dem er seine Geschichte festzuhalten versuchte und versucht.

Halten daher auch wir diese Geschichte des Menschen und ihren Sinn fest: Kein Buch hat eine Biographie, aber jedes Buch ist die Biographie ihres Autors – und alle Bücher aller Autoren zusammen sind die Biographie der Menschheit. Sie sind als Artefakte die Erinnerungszeichen lebendiger Menschen, die im Medium Buch Geist und Materie verfugen und die Verfugung auf Dauer zu stellen trachten. Im Buch verwandeln die Menschen nicht nur ihre kurze Lebensfrist in Geschriebenes und setzen darauf, daß das von ihnen und über sie Geschriebene (die Graphie) ihr Leben (den Bios) überdauert. Vielmehr hoffen sie darauf, daß der Sinn, den sie fanden und von dem sie schrieben, auch für andere ein Sinn sein möge – eine Hoffnung, die, seit es den Menschen und seine zeichentragenden Artefakte gibt, sich auf die wunderbare Erfahrung stützt, daß der Sinn uns und der Welt nicht fremd ist, daß er nicht zufällig von außen dazukommt (oder auch nicht), sondern tief im Inneren der Welt ruht, so daß jede kleine Schöpfung, die der Mensch zuwege bringt, in ihrer Verfugung von Geist und Materie die Schöpfung im Ganzen wiederholt.

Jede Biographie, so darf man daher vielleicht sagen, ist das Schreiben jenes Lebens, das der Mensch ist: seine Autobiographie. Wir schreiben sie im Angesicht des Geistes.

V Hat das Buch Wurzeln?

Wer hat das Buch gemacht? Einfache Frage. Schauen wir zunächst auf seine materiellen Eigenschaften: den Einband aus Leinen, das Lesebändchen, die Fadenheftung, das Papier. Das sind zweifellos ganz verschiedene Objekte, die zu dem Metaobjekt »Buch« verbunden wurden, und es sind Objekte, die hundert- oder tausendfach mittels technischer Verfahren kopiert wurden, um dann zu einem Buch montiert zu werden, das folglich, technisch gesehen, nichts anderes sein kann als eine Kopie aus Kopien.

So gesehen scheint das Buch so etwas zu sein wie ein »reines Außen«, eine Assemblage von Objekten, so daß sich das Buch über seine direkten Objektgrenzen hinweg fortsetzt, indem es sich mit anderen buchförmigen Objekten zusammentut (das Bücherregal, die Bibliothek) und Buchketten bildet, die in jede beliebige Richtung weitere Assemblagen formen können: Im Regal und in der Bibliothek stehen die Bücher ja keineswegs nur nebeneinander, sondern auch über-, unter- und hintereinander, und nur eingefahrene Gewohnheiten verhindern, daß wir nicht auch die diagonalen Linien, vielleicht sogar die Schlangenmuster wahrnehmen, die sich in Regal und Bibliothek abzeichnen.

Kombinationen, Permutationen, Linien, Schichten, Verbindungsplateaus – all das begegnet uns, wenn wir das Buch aus dem Regal nehmen. Nichts davon, so sagen manche, sei dem jeweiligen Buch inhärent; es seien Gebrauchsweisen eines Objekts, die am Objekt und zwischen den Objekten temporäre Muster bilden und das »Außen« jeweils neu konfigurieren. Es verlaufe sich in einer Struktur, die die beiden Philosophen Gilles Deleuze und Félix Guattari »Rhizom« genannt haben: Es verwurzle sich nicht in einer festen Grundlage, aus der es herauswachse (aus der dunklen Erde nach oben ins Licht), sondern bilde Sproßachsen mit beliebigen Überkreuzungen und Überschneidungen, Wucherungen, die bestimmten Linien folgen oder sich in ganz andere Richtungen ausbreiten könnten.

So gesehen käme es dann auch gar nicht darauf an, ein Buch zu verstehen, indem man sich interpretierend durch den Text hindurch in seinen Wurzelgrund bohrt und dort den Sinn des Buches findet. Worauf es vielmehr ankäme, wäre dies: Sich des Buches als eines Werkzeugs zu bedienen, um ein »Außen« aufzuschließen, frei nach dem von Deleuze und Guattari verkündeten Motto: »Nehmt, was ihr wollt!« Nehmt, was ihr wollt; lest, was ihr wollt; interpretiert, wie ihr wollt; gebraucht das Buch in beliebiger rhizomatischer Verkettung als Schraubenzieher oder als Axt oder als sonst ein Werkzeug, mit dem ihr die Welt, das Große Außen um euch herum, bearbeitet.

Das alles reduziert die Dimensionen und Hierarchien der Welt, ihr Oben und Unten, ihr Innen und Außen auf ein Außen ohne Innen, auf eine tiefganglose Oberfläche, die sich rhizomatisch verläuft. Und ganz zum Schluß, so sagen uns Deleuze und Guattari, sollen wir das Rhizomatische, diese letzte Spur des Organischen und des im Organischen sichtbaren Geistes, als eine rein maschinelle Verkettung von Objekten betrachten, die nichts mehr bedeuten, nichts mehr sind, nur noch zu funktionieren haben. Die Welt als geistlose Maschine, von niemandem gemacht, für niemanden gemacht, ohne Bedeutung.

Niemand von uns lebt in einer solchen imaginierten Maschinenwelt. Nirgendwo sehen wir, wie die Dinge sich von selbst verketten und rhizomatische Strukturen bilden. Keine Maschine, die wir kennen, macht von selbst ein Buch, weil keine Maschine ein Selbst haben kann. Die Maschinen, die wir kennen, machen, was sie machen, weil wir Menschen uns der Maschinen bedienen, um etwas herzustellen; und das heißt: um einen Entwurf von was auch immer Realität werden zu lassen. Das Wer? des Machens ist immer der Mensch; und das Wie? des Machens ist immer ein Gerät, ein Werkzeug, eine Maschine. Es bleibt daher bei der fundamentalen

Unterscheidung zwischen Dingen, die von Natur aus sind, und Dingen, die von Menschen gemacht sind. Und es bleibt dabei, daß das Buch zu den Dingen gehört, die von Menschen gemacht sind.

Natürlich tritt mir das Buch als ein von Menschen gemachtes Artefakt wie alle Gegenstände dieser Welt als ein »Außen« entgegen: Es hat eine Oberfläche, eine räumliche Tiefe, bestimmte Materialeigenschaften, die sich mit bestimmten Gerüchen und haptischen Eigenarten melden; es hat sogar einen Klang. Aber ich kann nicht übersehen, daß all dieses »Außen« nicht von sich aus da ist, sondern von Menschen gemacht wurde und wie alles von Menschen Gemachte eine Bedeutung hat – für die Menschen, die es gemacht haben. Denn auf jeder Ebene, auf der ich das Buch betrachten kann – vom Papier über das Layout, den Buchschmuck, die Bindung bis hin zum Einband und dem Buchumschlag – hat ein Mensch darüber nachgedacht, wie es zu machen wäre. Und dieses Nachdenken geschah im Hinblick auf das Artefakt, das hergestellt werden sollte, mit ganz bestimmten Eigenschaften, die im Rahmen einer ganz bestimmten Kultur einen ganz bestimmten Wert und eine ganz bestimmte Bedeutung hatten und haben: billiges Papier für ein schlampig verleimtes Taschenbuch, teures Papier, Fadenheftung, karmesinfarbener Ledereinband für ein Luxusbuch. Das alles war und ist Arbeit: Arbeit nicht der Materialien selbst, sondern Arbeit des Menschen, in der sich die Innerlichkeit seines Objektverhältnisses manifestiert: daß er, was er tief im Inneren ist, äußerlich darstellen muß, um es sich und anderen Menschen sichtbar zu machen.

Bedeutungen ergeben sich nicht durch horizontal-rhizomatische Eigenwucherungen von Materialien, sondern sind nichts anderes als der vertikale Einschlag des Geistes in die Materie, ein Einschlag, der im Gewebe unserer Welt immer schon da ist. Dieser Einschlag gliedert die Welt hierarchisch: Sie reicht nicht einfach in Stufen vom Oben des Geistes hinunter zur Materie, sondern ist auf den verschiedenen Seinsstufen von oben nach unten in unterschiedlicher Intensität mit Geist durchtränkt. Es gibt daher kein Hand-Werk als bloße Materialbearbeitung; immer schaffen wir etwas, das eine Bedeutung hat, für uns und für andere. Und wenn wir ein Buch schaffen, dann schaffen wir ein Artefakt, in dem dieses materialbearbeitende Bedeutungsschaffen zur Darstellung kommt: in einem signifikanten Text, der uns den Einschlag des Geistes in die Materie direkt vor Augen führt, ihn uns geöffnet in die Hände legt, und uns beim Betrachten des Buches und für die Dauer der Lektüre bei diesem Einschlag verweilen läßt.

Es ist unmöglich, hinter diesen Einschlag des Geistes zurückzugehen. Versucht man es, gelangt man nicht auf steilem Weg zu höherer Erkenntnis, sondern verhakt sich in einem einfachen Widerspruch, in dem das Denken kollabiert: Man muß von einem Artefakt, das man geschaffen hat, behaupten, es sei nichts weiter als eine bedeutungslose rhizomatische Wucherung von allerlei Stoffen; und von einem Buch, es sei lediglich die Eigenverkettung von Materialien, ohne daß ein Subjekt darin etwas verloren habe, weder als Autor noch als Leser. In Wahrheit ist das Subjekt immer schon da, es schafft eine Vase als eine Vase, es schreibt ein Buch als ein Buch, und es möchte damit erfreuen und unterhalten, nützen und aufklären: Das Subjekt schafft Sinn und wendet sich in seinem Sinnschaffen an andere Wesen seiner Art, mit denen es in einem Bedeutungsraum lebt, den es bei seiner Geburt vorgefunden hat und den es in seinem Leben durch gemeinsame Worte, Werke und Taten weitergestaltet.

Wir sind daher in unserem Sprechen, Schaffen und Handeln Wurzelwesen: Wir ziehen nicht als unstete Nomaden über die leere Oberfläche einer uns fremden Erde, sondern wohnen an Orten, die wir als von Menschen gestaltete vorgefunden haben, um sie, durch uns weiter gestaltet, an unsere Nachfahren zu übergeben. Diese Orte haben für uns eine Bedeutung, weil sie Räume gliedern, Tiefen haben und Höhen, Hierarchien, weil sie uns orientieren auf unsere Herkunft und unsere Zukunft, weil sie uns in unserer Vergangenheit verwurzeln und uns auf das Kommende hin öffnen. Daß es so ist, wissen wir seit Anbeginn, denn als Wurzelwesen sind wir Zeichenwesen, die an Orten wohnen, an denen wir nach dem Woher? und Wohin? fragen, um unsere Antworten Büchern anzuvertrauen, in denen wir unsere Welt sinnhaft und sinnenhaft formen: wie sie sich entfaltet von der Wurzel allen Seins bis zur Krone der Schöpfung.

VI Hat das Buch einen Autor?

Thomas von Aquino (1225–1274) hat viele seiner Werke diktiert, bisweilen wohl gleichzeitig mehreren Sekretären. Goethes Werke verdanken sich der hilfreichen Zuarbeit von Sekretären und Handlangern, die für ihn sammeln, schreiben, abschreiben und korrigieren mußten – als da unter anderen wären die Schreiber John und Kräuter, das gelehrte Faktotum Riemer, Frau von Stein und der unermüdliche Eckermann.

Und was die Arbeit in den Verlagen anbelangt, mit denen Goethe kooperierte: Goethe nahm Einfluß auf die Buchgestaltung, traf Verfügungen zur Drucktype (Fraktur oder Antiqua), zum Buchformat, zum Papier, delegierte weitere Korrekturarbeiten an die Setzer und konzipierte den Buchschmuck, also etwa Titelkupfer, Schmuckinitialen, Gestaltung des Titelblatts – und ließ sich umgekehrt von den drucktechnischen Fachleuten beraten. Nicht anders hielt es Johann Georg Hamann, der komplexe typographische Meisterwerke vorlegte, die ohne die Fachkompetenz auf Verlagsseite nicht möglich gewesen wären. Und in späterer Zeit denkt man natürlich an die aus dem George-Kreis stammenden Bücher mit ihrer vollkommenen Durchgestaltung.

Das alles sollte uns darauf aufmerksam machen, daß ein Autor keineswegs im stillen Kämmerlein als einsamer Textproduzent agieren und es bequem anderen überlassen kann, aus dem genialen Text ein kongeniales Buch zu machen. Denn wenn uns ein Text gar nicht anders zugänglich ist als in der Konkretion seiner materialen Gestaltung als Buch, dann ist die Bedeutung eines Textes immer die Bedeutung des konkreten Buches, das wir in Händen halten – mit all seinen Eigenschaften, die dem Text einen Ort geben, ihn materialisieren und fixieren. Diese Konkretionen aber verdanken sich auf allen Ebenen – von der Drucktype und ihrer Graphie des Wortes, des Satzes und der Seite über das Layout mit viel oder wenig Paratext bis hin zur Haptik des Papiers und dem Format des Buches – der Mitarbeit zahlreicher Spezialisten, die durch die Gestaltung des Buches ihren Teil zur Sinnkonstitution des Textes beigetragen haben. So gesehen ist jedes Buch ein Gemeinschaftswerk von Autor, Sekretär, Setzer, Buchgestalter, Drucker, Buchbinder und Verleger; sie alle, und nicht der Autor allein, haben das Buch geschaffen, in dem der Text sich materialisiert und so allererst seine Bedeutung entfalten kann.

Damit aber, so scheint es, beginnt der Begriff des Autors unscharf zu werden: Der Autor wird zu einem Faktor der Buchherstellung unter anderen, indem er mit seinem schöpferischen Schreibimpuls in eine Produktionskette einrückt, in der der Verleger das Geld und die Fachleute beschafft, die dafür zu sorgen haben, daß der vom Autor stammende Text zum Buch werden und an die interessierte Öffentlichkeit gelangen kann.

Blickt man daher vom Buch als dem Ende der literarischen Produktionskette zurück auf die einzelnen Produktionsschritte, löst sich das Buch in verschiedene Schichten auf, die mit ganz verschiedenen Verfahren von ganz verschiedenen Personen hergestellt wurden. Und weil diese Schichten je für sich bedeutungskonstitutiv sind, löst sich damit auch die umfassende Bedeutung des jeweiligen Buches in ein variables Netz von Teil-Bedeutungen auf, die von ebenjenen Personen herstammen, die das, was sie tun, im Hinblick auf das gemeinsam zu gestaltende Werk und im Hinblick auf die unterschiedlichen Fachlogiken ihrer jeweiligen Profession tun. Um es an einem Beispiel vor Augen zu führen: Daß Goethes *Werther* zum »Freund« des Lesers werden soll, wie es uns der fiktive Herausgeber gleich zu Anfang anträgt, ist nur möglich, weil das Buch im kleinen Oktavformat gedruckt und damit allererst zu jenem »Büchlein« wurde, dessen angenehm-intime Größe die Rezeptionserwartung des Herausgebers zu erfüllen erlaubt. Was der Text *sagt*, muß der Druck *Gestalt* werden lassen, so daß es im Grunde die im Verlag gedruckte Manifestation des Textes als Buch ist, die die vom Text gewünschte Rezeption auch wirklich auf »Freundschaft« orientiert.

Der Begriff des Autors scheint freilich noch unschärfer zu werden, wenn wir darauf achten, daß der Text, den wir von einem Autor haben, eine Fülle von Quellen und Bezügen verarbeitet. Damit verliert sich die Einheit des Textes in einer Pluralität von Anklängen, Verweisungen und Übernahmen, deren Totalität keine Lektüre der Welt jemals wird ausschöpfen können: In welchem Verhältnis steht die fiktive Lotte in Goethes *Werther* zur realen Maximiliane von La Roche, der fiktive Werther zum realen Karl Wilhelm Jerusalem? der *Werther* als Briefroman zum Briefroman überhaupt? das Oktavformat des Romans zum Oktavformat des Gebetbuchs? wie verhält sich die erste zur überarbeiteten zweiten Fassung? welche der beiden Ausgaben wollen wir als die gültige betrachten? Wir verlaufen uns in solchen Fragen und finden statt einer auktoriellen Komposition eine Dekomposition, die es uns scheinbar unmöglich macht, eine Summe des Textes zu ziehen.

Das Werk, das uns eben noch in der Form des Buches als etwas Geschlossenes und Abgeschlossenes entgegentrat, beginnt sich nun plötzlich vor unseren lesenden Augen zu verwischen und wird zu einer »Kakographie« (Roland Barthes). In dieser Kakographie scheint der Autor nicht mehr jene Instanz sein zu können, die wir als unangefochtenen Ursprung des Textes betrachten, vielmehr ist er unter der Hand und im Lesen zum Resultat unserer dekompositorischen Lektüren geworden: Nie kann er einfach er selbst sein, immer ist er ein anderer, je nachdem, welche Schneise wir gerade lesend durch den Text ziehen und wohin wir diese Schneise laufen lassen. Dieses sich verändernde Wohin der Lektüreschneisen ist für uns das Woher des Textes; immer ein Woher, aber immer ein anderes Woher.

Zweifellos sind wir damit an genau jener Stelle angelangt, an der die Postmoderne den »Tod des Autors« verkündet hat. Der Autor hat sich zersetzt in ein Bündel von kompositorischen Textbezügen, deren Herkunft und Einheit in Frage steht; und dieses textuelle Bündel findet sich in einem Buch, dessen materielle Einheit sich auflöst in verschiedene Herstellungsschichten — das Buchbündel eines Textbündels, ein Bündel, in dem sich der Text, das Buch, das Werk und sein Autor sternenförmig zerstrahlen.

Aber diese Stelle, an der die Postmoderne steht, ist eine Fehlstelle. Das wird sofort deutlich, wenn man sich fragt, wo im Herstellungsprozeß eines Buches all die Zuarbeiter, Sekretäre, Setzer, Buchgestalter, Drucker, Buchbinder und Verleger mit ihrer Arbeit beginnen. Die Antwort lautet: Sie beginnen immer erst mit ihrer Arbeit, nachdem der Autor seinen Text geschrieben hat. (Und selbst in dem Fall, daß der Sekretär die Rede des Autors notiert, ist dieses Notat, das die Worte fixiert und damit Gestalt werden läßt, kein originäres Tun des Sekretärs, sondern originäres Tun des Autors, der sich des Sekretärs als eines Doubles seiner selbst bedient und auf fremde Schreibhände rekurriert anstatt die eigenen zu gebrauchen.) Denn der Autor ist ganz offensichtlich die Quelle des Textes, sein Ursprung in der Welt; alle anderen, die an der Entstehung des Buches beteiligt sind, sind in ihrem Tun dem aus der auktorialen Quelle stammenden Textfluß nachgeordnet.

Das heißt nicht, daß ihr Tun die Quelle nicht bereichern oder verunreinigen und den Text auf- oder abwerten, ihn gestalterisch auf den Punkt bringen oder bis zum Widersinn konterkarieren könnte. Das alles ist möglich, und das alles ist buchgeschichtlich auch immer wieder Wirklichkeit geworden, siehe die mit Fehlern durchtränkte Erstausgabe des *Ulysses* von James Joyce, siehe die zuerst in Paris in einem pornographischen Verlag erschienene *Lolita* von Vladimir Nabokov. Aber es sind Möglichkeiten und Wirklichkeiten, die stets und immer auf die aller bearbeitenden Gestaltung vorgeordnete Tat des Autors zurückverweisen.

Das gilt auch für die Beobachtung, daß ein Text sich in einer Pluralität von Anspielungen und Übernahmen bewegt. Sie zu rekonstruieren heißt nicht, den Text aufzulösen, sondern Sinnschichten freizulegen, die sich zuletzt immer im Namen des Autors und seines

Werkes bündeln: als Sinnschichten *dieses* Werkes von *diesem* Autor. Das ist keineswegs erst eine moderne – und damit historisch kontingente und folglich einfach beiseite zu wischende – Einstellung zum Text, und sie verdankt sich auch nicht erst der Epoche des Urheberrechts, die solche originären Autor-Text-Zuordnungen gerade auch im Hinblick auf die ökonomische Verwertung eines Buches zu einer justiziablen Angelegenheit macht.

Vielmehr ist die Geschichte des Buches von Anfang an eine Geschichte, in der es um die korrekte Zuordnung von Autoren und Werken geht, angefangen bei Sîn-lēqi-unninni, der in der zweiten Hälfte des 2. Jahrtausends v. Chr. die babylonische Standardversion des Gilgamesch-Epos herstellte, über die in hellenistischer Zeit an der großen Bibliothek in Alexandria verfaßten Kataloge, denen es um die Sicherung der Autorschaft an den überlieferten Werken ging und die selbst wiederum unter dem Namen ihres berühmtesten Verfassers Kallimachos bekannt waren und sind, bis hin zu dem seit dem Hochmittelalter und den Universitätsgründungen aufkommenden Brauch, Textbelege und Verweisungen unter Nennung von Autor und Werk möglichst genau festzuhalten. So verweist Thomas von Aquino auf eine Stelle bei Aristoteles mit den Worten »wie der Philosoph [gemeint ist Aristoteles] im 5. Buch seiner Metaphysik sagt« (*sicut in V Metaphysice Philosophus ait*) – und die Leser des Aquinaten haben bis heute keine Schwierigkeit damit, diesem Hinweis nachzugehen.

Worum es bei dieser langen, mindestens dreieinhalbtausendjährigen Geschichte der Zuordnung von Autoren zu Werken und umgekehrt geht, hat Bonaventura (1221–1274) in seinem Sentenzenkommentar in unüberbietbarer Weise deutlich gemacht. Es gebe, schrieb er, vier Weisen, ein Buch zu schreiben: Erstens, indem man fremdes Material schreibe, ohne etwas hinzuzufügen oder zu verändern – dann sei man ein Schreiber; zweitens, indem man Fremdes (*alienum*) zusammenfüge, aber nichts Eigenes (*suum*) dazutue – dann sei man ein Kompilator; drittens, indem man sowohl Fremdes als auch Eigenes schreibe, wobei das Fremde die Hauptsache sei und das Eigene eher eine Art Anhang zur Verdeutlichung – dann sei man ein Kommentator; viertens endlich, indem man sowohl Eigenes als auch Fremdes schreibe, wobei das Eigene die Hauptsache sei, das Fremde eher ein Anhang zur Bestätigung des Eigenen – wer's so mache, den müsse man einen Autor nennen.

Natürlich ist dieses Eigene (*suum*) als Text und Buch immer ein Zeichen, das als Zeichen notwendigerweise allgemein bleiben muß: Wer »dieser Baum da vorne« schreibt, meint den konkreten Baum da vorne, muß aber allgemeine Begriffe wie »Baum« oder »da vorne« benutzen und damit den konkret angeschauten Baum und die konkrete Blickrichtung im Begriff aufheben und einsehen, daß der konkrete Baum, der da vorne steht, in seiner Konkretion gar nicht artikuliert werden kann.

Das heißt nicht, daß unser Eigenes, das wir sprachlich und schriftlich zum Ausdruck bringen wollen, damit als Eigenes vernichtet und der überpersönlichen Sphäre des Allgemeinen zugeschlagen wäre. Es heißt vielmehr, daß wir gar nicht anders können, als uns zwischen dem konkret Angeschauten und dem allgemeinen Sprachzeichen zu bewegen, wenn wir uns selbst ausdrücken wollen, daß wir also in eine Reflexionsbewegung eintreten, deren zeichenhafte Dynamik zwischen dem Konkreten und dem Allgemeinen spielt, und daß wir zu erkennen haben, daß unsere Innerlichkeit genau darin liegt, vom Sinnlich-Konkreten abstrahieren zu müssen, um etwas Konkretes sagen und schreiben zu können.

Aber als das, was wir dann sagen und schreiben, ist es unser Gesagtes und Geschriebenes, ein *suum*, das von anderen verstanden werden kann, weil auch sie sich mit ihrem jeweiligen *suum* in der allgemeinen Sphäre der Sprache bewegen, in der wir einander im Prinzip (*in principio*) immer schon verstanden haben. So ist jedes *suum* ein Innen, das wir dank der Sprache und der Schrift »nach draußen« ins Allgemeine gebracht, dem wir eine konkrete Form gegeben haben und das nun für denjenigen steht, von dem wir wissen oder mit guten Gründen annehmen, daß er es geformt habe – als ein individuelles Allgemeines.

Jedes solches Eigene (*suum*) kann ein Fremdes (*alienum*) werden — und umgekehrt. Der Übergang vom Eigenen zum Fremden ist dann geschehen, wenn wir die Zeichen nicht oder nicht mehr lesen können; der Text oder das Buch ist dann aus der Sphäre der Reflexion herausgefallen, in der wir uns zusammen mit anderen bewegen, er ist zu einem Ding geworden, von dem wir nicht wissen, ob es überhaupt etwas bedeuten soll und was genau es bedeuten könnte. Häufiger ist freilich der Fall, daß wir einen uns fremden Text zu verstehen beginnen oder einen Text, den wir bislang verstanden zu haben meinten, immer weniger verstehen; dann überschreiten diese Texte und Bücher vor unseren Augen die Grenze zwischen Eigenem und Fremdem, und wir stellen erstaunt fest, daß diese Grenze keine absolute ist, sondern eine variable.

Ob das geschieht, hängt nicht von mir alleine ab, sondern von einem »uns«, von dem wir niemals wissen, wie weit es reicht, auf das wir aber stets bezogen sind, wenn wir in die Reflexionsbewegung eintreten. Wir bewegen uns dann zwischen dem konkreten Etwas und dem allgemeinen Zeichen, und zugleich zwischen dem, der »Ich« sagt, und den vielen anderen, die es auch sagen könnten und vielleicht sagen werden und damit denselben Status als »Ich« beanspruchen. In dieser Bewegung wird darüber befunden, was in den Reflexionsraum gehört und was nicht, und es wird im Reich der Texte und Bücher so darüber befunden, daß ein Urteil über den Autor als die Quelle des Textes und die Herkunft des Buches gefällt wird.

Erst wenn wir wissen, für welches *suum* ein Text oder ein Buch steht, sind wir zufrieden — nicht, weil dann unser Jagdimpuls befriedigt wäre, sondern weil wir davon ausgehen, daß kein Text und kein Buch dieser Welt von selbst entstanden ist, vielmehr jeder Text und jedes Buch als Quelle einen realen Menschen hat, dessen Realität für uns in seinem Namen greifbar wird. In diesem Namen erkennen wir ein Buch als wertvoll an (*Mein Gott, Goethe!*), oder wir werten es als wertlos ab (*Um Himmels willen, Konsalik!*) — oder wir wissen einfach nicht, was wir mit diesem Ding machen sollen, und gerade dieses Nichtwissen intensiviert die Suche nach einer möglichen Bedeutung und damit auch nach einem möglichen Autor (*Das Voynich-Manuskript!*).

Die Sphäre, in der wir uns damit bewegen, ist die Sphäre von Verantwortung und Anerkennung. Das Eigene, das wir unter dem Namen eines Autors zusammenfassen und als *sein* Buch in die Hand nehmen und lesen, ist der von diesem Autor verantwortete Text in diesem vom Autor zu verantwortenden Buch. Wir können uns darin irren – ein anderer als der gedachte Autor kann der wahre Autor sein, und der Verleger kann den Autor über den Tisch gezogen und ein Buch hergestellt haben, das der Autor so niemals gewollt hat. Aber das heißt nur, daß es nicht *dieser* Autor (Shakespeare?) war, dem wir den *Hamlet* zu verdanken haben, und daß es nicht die Ausgabe der Olympia Press ist, in der wir die *Lolita* lesen sollten. Wir bleiben auch im Irrtum und gerade wegen der Möglichkeit des Irrtums auf der Spur des Autors, wollen ihn als den Autor des gerade von uns aufgeschlagenen Buches erkennen und anerkennen, ihn bei seinem richtigen Namen nennen und sicher sein, daß er und kein anderer das vor uns liegende Buch zu verantworten hat. Wir wollen nicht betrogen sein, vom Autor nicht und von niemandem sonst in der langen Produktionskette des Buches; wir wollen, daß wir ein Buch in den Händen halten, von dem wir annehmen dürfen, daß der Autor es uns genau so, in genau dieser Gestalt, geben wollte. Denn jedes Buch ist eine Gabe des Autors an den Leser.

Was der Leser dem Autor dafür zurückgibt? Die Anerkennung, die der Autor verdient. Das ist keine kleine Sache, denn mit der Anerkennung verbindet sich nicht nur die korrekte Identifikation des Autors als Textquelle, sondern auch seine Wertschätzung als eines Menschen, der schöpferisch tätig und darin auf Sachen und Menschen bezogen ist: Der Autor weiß, wie und womit man schreiben muß, um einen guten Text schreiben zu können, und er weiß, mit wem zusammen er sich an die materielle Gestaltung des Textes machen muß, wenn der Text als Buch sein ideales Publikum erreichen können soll. Daß er das alles weiß, wissen wir am Autor zu schätzen, und indem wir es zu schätzen wissen, schauen wir zugleich auf uns selbst aus dem Blickwinkel einer schöpferischen Person, die, wenn sie schöpferisch wird, damit auch die Verantwortung für ihre Schöpfung zu übernehmen hat.

Das ist ein Impuls, der von weither kommt. Es ist ein Impuls, der darum weiß, daß wir als Menschen im Kleinen die Nachgestalter einer Welt im Großen sind, die wir als Welt im Ganzen weder gestaltet haben noch gestalten können. Aber wir wissen das nicht nur, sondern wir erfahren es auch, wenn wir in den guten und glücklichen Momenten unseres Lebens uns als ein Wesen wahrnehmen, das schöpferisch tätig ist und darin etwas wiederholt, was uns insgesamt entzogen ist. Wir erfahren uns dann als das Nachbild eines Wesens, das wir in seiner Unverfügbarkeit »Gott« nennen (Gen 1,27), und wir erfahren uns dabei als »Gottes Mitarbeiter« (1 Kor 3,9): Wir sehen uns mit den Augen des Geschöpfs und des Schöpfers zugleich, blicken in zwei Richtungen, in die Richtung der Freiheit und der Abhängigkeit – und bemerken dabei, daß unser Ort in der Welt genau zwischen diesen beiden Richtungen liegt.

Jede Autorschaft wiederholt diese Bewegung, und das heißt: Jedes Buch geht aus einem Schöpfungsakt hervor, der ohne schöpferischen Autor nicht beginnen könnte und ohne schöpferische Mitarbeiter nicht zu Ende zu bringen wäre.

VII Enthält ein Buch Text?

Im Lesen gleitet unser Blick auf der Buchseite von links nach rechts die Zeile entlang bis zu ihrem Ende; dann springt er eine Zeile tiefer nach links auf ihren Anfang, gleitet wieder nach rechts bis zum Ende der Druckzeile – und so weiter bis ans Ende der Seite. Dann blättern wir um und setzen den Lesevorgang auf der neuen Seite fort – und so weiter bis zum Ende des Buches. Wir folgen also, wenn wir lesen, einer imaginären Diagonale, die in unseren westlichen Schriftsystemen mit ihren von links nach rechts laufenden Schriften von der linken oberen Ecke des Blattes zu seiner rechten unteren Ecke verläuft.

Der Vorgang ist einfach zu beschreiben, aber physiologisch trickreich. Denn in Wahrheit gleitet das Auge gar nicht Buchstabe für Buchstabe und Wort für Wort von links nach rechts durch die Zeilen, sondern springt in der Zeile von links nach rechts, überspringt dabei manches Wort, fixiert da und dort ein Wort etwas länger, damit wir seine Bedeutung aufnehmen können, dann springt das Auge weiter in der Zeile oder springt etwas zurück, und in diesem Vor- und Zurückspringen und Fixieren von Wörtern konstituiert sich für den Leser die Bedeutung des Gelesenen.

Der Lesevorgang ist freilich nicht nur physiologisch trickreich, er ist es auch im Hinblick auf das, was da auf dem Papier steht, denn die Augenbewegung trifft auf einen Text, dessen materielle Konkretion die Bewegung des Auges beeinflußt: Es gibt Drucktypen, die dem Auge angenehm sind und die Lesebewegung beschleunigen, es gibt aber auch Drucktypen, die das Lesen anstrengend machen – und derselbe Spielraum von angenehm bis anstrengend gilt für den Zeilenabstand, die Textbreite, die Texthöhe und überhaupt alles, was zum Satzspiegel zu rechnen ist.

Hinzu kommt, daß unser Lesen
durch Lesegewohnheiten geprägt
ist, wir also bestimmte Schriftbilder
mit bestimmten Texten verbinden,
Lyrik etwa an den Zeilenumbrüchen erkennen,

DRAMEN: hingegen erkennen wir
DRUCKTYPISCH: an dem auf verschiedene
ROLLEN: verteilten Text, beispielsweise durch die
MAJUSKELN: vor dem Rollentext und den
Hervorhebungen für die Regieanweisungen. [*lacht*]

Das alles sehen wir beim Aufschlagen des Buches, es beeinflußt unsere Lektüreerwartung und damit auch unser Textverständnis – und es straft alle die Lügen, die da meinen, Texte seien rein lineare Buchstaben- und Wortsequenzen, deren Lektüre zu den zeilenartigen Gedankenketten eines linear-monokausalen Denkens führe. Richtig ist vielmehr, daß jede Schrift die einfache Linearität hinter sich läßt und zum Bild wird.

Das beginnt schon damit, daß ein Schriftzeichen, so sehr es auch immer ein bestimmtes Segment der Sprache (einen Laut, eine Silbe oder ein ganzes Wort) repräsentiert, zugleich eine visuelle Entität darstellt, die als solche bildlich (was sonst?) ist. So instantiieren die Buchstaben »i« und »I« im Deutschen den Laut [i], aber die unterschiedliche Visualisierung des Lautes verbindet sich mit unterschiedlichen Funktionen des Laut-Bildes im Hinblick auf die im Wort, im Satz oder auf der Seite folgenden Zeichen: Wörter können hervorgehoben werden oder auch nicht, Satzanfänge können gekennzeichnet werden oder auch nicht, der Beginn eines neuen Themas kann am Beginn einer Seite durch eine Schmuckinitiale markiert werden oder auch nicht.

Jedes Schreiben und Drucken ist daher eine graphische Tätigkeit, die die Schrift zum Ornament macht, das einerseits die Funktion der Buchstaben im Wort, der Wörter im Satz und der Sätze auf der

Seite hervorheben kann, andererseits aber auch, wie in manchen mittelalterlichen Handschriften, den Bezug zu Wort und Laut suspendieren und zur opulenten Bildfläche werden kann. In beiden Fällen aber schlägt die Sequenz der Buchstaben und Wörter in die Fläche um und wird dort im Minimum zum »Grauwert« der Seite, im Maximum aber zum Schriftbild. Und von der Fläche greift der ornamentale Graphismus der Schrift dank der Schichtung der Blätter auf den dreidimensionalen Gegenstand namens Buch über. Das Buch, sagte Stéphane Mallarmé, ist »die totale Expansion des Buchstabens«.

Diese graphische Expansion gehört zur Schriftgeschichte von Anfang an. Daß die Höhlenmalerei, die vor rund 40 000 Jahren einsetzt, in der realistischen Abbildung von Tieren und Gegenständen ihren Höhepunkt finde, wie viele meinen, verkennt die Tatsache, daß über die Hälfte der in den Höhlen gefundenen Zeichen abstrakter Art sind (Punkte, Linien, Rechtecke, Gitter ...) und ein durchaus begrenztes Zeicheninventar bilden, das höhlenübergreifend in Gebrauch war. In welchem Verhältnis die konkreten zu den abstrakten Zeichen stehen, wissen wir nicht, aber wir dürfen vermuten, daß das komplexe Ineinander von konkreten und abstrakten Zeichen die frühe Form eines Notationssystems darstellt: Es ordnet sich nach Zentrum und Peripherie und nach Gruppen, es weitet sich strahlenförmig in die Fläche – und zeigt sich insgesamt als Graphismus, der sowohl Schreiben als auch Malen ist und sich in Flächen »eingräbt«.

Diese Synthese von Schrift und Bild blieb erhalten, als die Notationssysteme weiterentwickelt wurden, um Sprachlaute wiedergeben zu können: Nun tritt neben die Schrift, deren Bedeutung wir entziffern können, ein ganzer Hof von Illustrationen, die den Text begleiten, unterstreichen, ergänzen, interpretieren – und umgekehrt: die Texte erläutern, ergänzen, interpretieren die Abbildungen. Und nun sehen wir auch, daß die Zeichen, die wir auf den Blättern finden, nicht nur Lautzeichen sind, sondern als Ziffern und mathematische Kalküle auch abstrakte Denkoperationen repräsentieren können. Und selbst dort, wo der Text ganz nüchtern nur aus Text zu bestehen scheint, streckt er sich zu Listen, Aufzählungen und Klassifikationen, deren Sequenzen immer Raum auf dem Papier einnehmen und also, wie Mallarmé sagte, die Buchstaben »expandieren«. Das alles ist Schrift, das alles ist Text, das alles ist ein Graphismus, wie er auf den Tontafeln, in den Papyrusrollen, den Pergamentkodizes und den (modernen) Büchern zu finden ist.

Wenn wir mit all dem, war wir nun wissen, auf unser modernes Buch und seinen Text schauen, dann sehen wir viel deutlicher als zuvor ein Satz-Bild, das von der Makro- bis zur Mikrotypographie nicht einfach den Fluß der Rede notiert, sondern ihn strukturierend ins Bild bringt. Noch die unscheinbaren Wortabstände, die man erst im Mittelalter erfunden hat, gehören hierher: Sie machen aus jedem Wort-Laut ein Wort-Bild, das nicht in der Sequenz der Töne untergeht, sondern sich im Abstand zu den anderen Wörtern erhält und bildlich umsetzt, daß unser Weltbezug nicht nur aus dinglichen Entitäten oder Lebewesen besteht (»Tisch«, »Katze«), sondern auch aus Abstraktem (»Freiheit«, »Summe«) und Fiktionalem (»Einhorn«, »Sherlock Holmes«) und aus all dem, was wir an Operatoren einsetzen, um solche Entitäten zueinander in Beziehung zu setzen (»alle«, »und«, »in«, »zweimal«, »nicht«). Und das heißt: Schrift wendet sich auf Schrift zurück, sie reflektiert, was sie tut, indem sie die graphische Ordnung, die sie ist und macht, aufs Papier und damit vor unser Auge bringt und in unsere Hände legt.

Die Schrift tut das? Nein. Wir als Menschen tun das. Wir sind es, die sich der Schrift bedienen und Ordnung stiften – da draußen in der Welt, deren Entitäten wir schriftlich festhalten und klassifizieren, aber auch da drinnen in uns, indem wir unser Denken in seinen Operationalisierungen im Schrift-Bild uns vor Augen führen, es damit objektivieren und welthaltig machen: Für andere wird nachvollziehbar, was wir getan haben, und das setzt uns in die Lage, gemeinsam in der Welt handeln zu können. Wir beziehen uns in Schrift und Buch auf eine Welt, von der wir uns ein Bild gemacht haben, und wir gestalten damit eine Welt nach dem Bild, das wir uns von ihr gemacht haben. Es ist ein Weltbild im Spiegel, im Satzspiegel, wie er im Buche steht, und es ist ein Spiegel, in dem wir selbst uns spiegeln, wenn wir schreiben und lesen. Wir spiegeln uns als schöpferische Personen, die etwas schaffen können: zunächst dieses Buch, dann aber all das, was sich daraus ergibt, wenn andere es lesen und sich selbst als schöpferisch begreifen lernen.

Kein Buch enthält nur Text als schwarze Buchstaben auf weißem Papier. Jedes Buch enthält uns und die Welt. Jedes Buch ist eine Schöpfung.

VIII Kann man mit dem Buch träumen?

Wir lesen nicht einfach Texte, indem wir mit den Augen die Buchstaben abtasten, um ihre Bedeutung aufzunehmen, sondern wir nehmen die Zeichen auch als Bilder wahr: jeden Buchstaben, jedes Wort, jeden Satz, jeden Absatz, jede Seite. Das eine drängt uns immer weiter im Text, folgt seinem Spannungsbogen und strebt seinem Ende zu, an dem wir wissen werden, wie alles miteinander zusammenhängt; das andere aber läßt uns schauend innehalten und verweilen, öffnet unsere Sinne für das Hier und Jetzt des Textbildes, will Bleibe und Dauer und den Genuß des Augenblicks in Ewigkeit. Texte und Bücher sind immer beides, Buchstabe und Bild, Geist und Körper, Sinn und Sinnlichkeit.

Daher ist ein Buch erst dann vollkommen, wenn es, wie Paul Valéry sagte, »angenehm zu lesen« *und* »köstlich anzuschauen« ist, »wenn der Übergang von der Lektüre zur Betrachtung, und wiederum von der Betrachtung zur Lektüre, ohne große Hindernisse erfolgt und es nur unmerklicher Umstellungen des leicht sich anpassenden Auges bedarf.«

Zumeist gehen wir davon aus, daß die Basis aller Texte und Bücher die Buchschrift oder die Drucktype sei. Sie scheinen zu bestimmen, ob wir lesen und schauen können und wie sich der Spielraum zwischen Textfluß und Textbild öffnet. Aber es ist ein Spielraum, der sich, genau besehen, nicht nur den schwarzen Zeichen verdankt, sondern auch dem Weißraum der Seite, all dem, was nicht bedruckt wurde, um den Satzspiegel herum nicht, zwischen den Absätzen nicht, zwischen den Zeilen nicht, zwischen den Wörtern nicht, zwischen den Buchstaben nicht. Ohne den Weißraum würde die Seite zu einem schwarzen Druckfleck, dank des Weißraums jedoch kann der Buchstabe hervortreten, sich mit anderen

Buchstaben zum Wort verbinden, die Wörter können zum Satz werden, die Sätze zum Absatz und die Absätze zur Seite. Der Text gewinnt daher erst im Zusammenspiel von Buchstaben und Weißraum seine Gestalt und wird in dieser Gestalt in einem Zwischen von Textfluß und Textbild festgehalten. Es ist ein Festhalten nicht durch eine Verdichtung der Buchstaben – so als müsse man ein Gesetz durch immer weitere Gesetze immer weiter interpretieren und verfeinern; es ist vielmehr ein Festhalten durch Abstandnahme, durch Auslassen, durch Freiwerden. Kein Text kann Text sein, wenn er nicht auch Weißraum und damit Freiraum ist.

Im Lesen überbrücken wir diesen Freiraum, indem für uns die von Weißraum unterbrochene Folge von Zeichen eine Bedeutung gewinnt, die das, was dasteht, und das, was nicht dasteht, miteinander verknüpft. Dabei stößt sich die Bedeutung, die wir lesend im Text finden, von den Zeichen ab und beginnt, die weißen Lücken im Text zu füllen. Aber so sehr wir uns auch anstrengen auf der Suche nach der Bedeutung – die Lücken bleiben Lücken, so wie die Buchstaben Buchstaben bleiben, und wir bewegen uns dazwischen, zusammen mit anderen Lesern, die die Lücken anders füllen und dann mit uns darüber streiten, ob sie oder wir den Abstoß vom Text in der rechten Weise gefunden haben.

Dabei ist es unerheblich, ob uns ein Romanautor viel von seinen Personen verrät oder wenig oder ob ein Sachbuchautor uns seine ganze Theorie über den Anfang von allem präsentiert oder nur eine kleine Detailskizze liefert. Immer ist es zuwenig, um ein ganzes Leben oder die ganze Welt oder auch nur ein ganzes Detail sein zu können, immer steht da etwas und anderes nicht, immer müssen wir ergänzen und Gelesenes neu verbinden. Welche Haarfarbe hat Estragon, welche Wladimir, die zusammen auf Godot warten? Wie groß ist eigentlich Werther? Welche Strümpfe trug Napoleon in der Schlacht bei Borodino? Wie hoch war die Temperatur genau eine Sekunde nach dem Urknall? Sind Naturkonstanten wirklich konstant? Und sind das überhaupt relevante Fragen? Wir lesen darüber und über vieles andere, wir wissen manches und anderes nicht, und dann stoßen wir auf die Lück– und träumen davon, sie zu schließen.

Es gibt zwei verschiedene Träume, um die Lücken im Text zu schließen. Der erste Traum ist der Traum der Phantasie. Er stößt sich vom Gelesenen ab und ergänzt schlußfolgernd, was nicht dasteht; er dringt am Leitfaden des Textes ins Unbekannte vor und kartographiert für sich selbst, was der Autor ausgespart hat. Es ist ein Traum, dessen Richtung durch den Text vorgegeben ist, aber nicht als Vorschrift, sondern als Spielraum, in dem sich der Leser mit den anderen Lesern desselben Textes aufhält und dort, im Spielraum, erfährt, ob seine textuellen Phantasien von anderen geteilt werden oder nicht. Und dann mag sich so etwas entwickeln wie eine als gültig akzeptierte Interpretation des Textes, als gemeinsame Phantasie der Leser, in der das Ich und das Wir zusammen mit den Buchstaben und dem Weißraum ihre Gestalt gewinnen.

Das ist kein Willkürakt, sondern bleibt in einem Rahmen, dessen Grenzen durch Text und Weißraum gezogen sind und durch dein und mein Vermögen – oder Unvermögen –, gut zu lesen: durch eine Qualität also, die niemand fixieren kann, denn sie verändert sich mit jeder gemachten Erfahrung und jedem gelesenen Text. Und so träumen wir im Text und vom Text, lassen unserer Phantasie den freien Lauf, den der Text ihr gewährt, und träumen zugleich doch das, was uns die Texte an Themen und Motiven mitgegeben haben. Wir entwickeln uns zusammen mit den Texten, sehen seit Platon ewige Seelen, seit August Kekulé Benzolringe, und wir hören seit Georges Lemaître einen Urknall – und lesen und schreiben Texte, die danach fragen, wie wirklich diese Wirklichkeiten sind.

Der zweite Traum aber ist der Traum vom Ende allen Träumens. Er meint, daß eines Tages all die vielen Lücken in den Texten geschlossen wären, weil wir das Reich unserer Erfahrungen und Leseerfahrungen erfolgreich umrundet haben und endlich wissen: So und nicht anders ist es, wir haben es in unserer Karte festgehalten, ohne weiße Flecken, als volle Wirklichkeit. Aber das ist, wie gute Leser wissen, nur der längste und tiefste Traum der Menschheit; es ist ein Traum, der das Leben und Lesen, wie es ist, für einen Traum hält, aus dem es aufzuwachen gilt. Aber um was zu tun und was zu sein? Die Antwort lautet: um im Vollbesitz der Welt zu sein, und das heißt: um weltmächtig unser Jetzt vor allem abschirmen zu können, was unseren Traum von der Welt-Macht gefährdet, und das heißt: um zukunftsmächtig berechnen zu können, wer und was wir sein wollen. Das wäre eine Entlastung von all dem, was in der Vergangenheit geschrieben wurde, man müßte es nicht mehr lesen und nicht mehr darauf hören, man würde von keinem leeren Weißraum und von keinen unterschiedlichen Qualitäten mehr beunruhigt werden, kurz: Man wäre auf keine Phantasie mehr angewiesen und könnte endlich darauf verzichten, über die richtigen und falschen Schlüsse aus den Texten streiten zu müssen. Statt dessen könnten wir planvoll-kalkulierend daran arbeiten, all diese phantasievollmöglichen Welten durch die eine wahre und wirkliche Welt zu ersetzen.

Diesem Traum vom Ende allen Träumens aber widerspricht seit jeher der Text, der nicht nur Textfluß, sondern auch Textbild ist. Denn vor dem Ende, auf den aller Text zuzustreben scheint, öffnet sich die Seite als Bild und wird zum Ort, an dem wir verweilen können. Das beginnt schon mit den Stellen, die wir markieren, um sie besser wiederfinden zu können: als Orte der Wiederkehr und des Wiederlesens und des Bleibend-Bedeutsamen, auf das wir uns beziehen wollen. Es greift von den einzelnen Stellen auf die Absätze über, auf die Seite, auf die aufgeschlagene Doppelseite, die sich uns in ihrem Textbild als insgesamt bedeutungsvoll einprägen und diese Prägung von ihrer Seite her durch nichttextuelle Elemente wie bildhafte Schmuckinitialen, erläuternde Abbildungen oder Illuminationen unterstreichen. In all dem gehen die markierten Stellen eine feste Beziehung mit uns ein: *Hier* und nicht dort ist das Bedeutende, das *mein* Bedeutendes ist.

Und so finde ich mich im Text wieder, weil seine Hervorhebungen meine Hervorhebungen sind, weil das Textbild mein Spiegel ist und meine Augen der Spiegel eines Textes, der von einem Autor geschaffen wurde. Wir schauen im Lesen durch den Spiegel des Textes auf den Autor, der uns als ein Schöpfer entgegensieht und uns in den Freiraum entläßt, der sein Text für uns ist. Und damit werden auch wir zum Schöpfer, zum Nachschöpfer des Textes, der uns als ein von einem Anderen geschaffener Text vorausliegt, so daß unsere lesend-phantasievolle Nachschöpfung des Textes als Abbild auf das durch die Kraft der Phantasie geschaffene Urbild des Textes verweist. Unser Abbild könnte ohne das Urbild nicht sein, und zugleich zeigt sich das Urbild nur in dem Abbild, das wir ihm entgegenhalten – und in diesem Spiegelverhältnis tritt der Mensch als ein Schöpfer hervor.

Freilich: Der Mensch tritt als ein Schöpfer hervor, aber als ein Schöpfer zweiten Grades, als ein Nachschöpfer – immer nur als ein Nachschöpfer –, der über die Quelle des Seins nicht verfügen kann. Wir wissen nur, daß es keine stumme Quelle ist, aus der kalter Staub in die Welt rieselt. Es ist vielmehr ein Murmeln und Sprechen von Anfang an, denn noch ehe wir darüber nachgedacht haben, woher wir sprechend und schreibend kommen, sind wir sprechend und schreibend schon da, soweit wir auch in der Perspektive des Menschen zurückzublicken vermögen. Die Schau ins Buch führt uns das vor Augen, wenn wir im Öffnen der Seiten auf ein Brennglas des Geistes stoßen, in dem wir im kleinen wahrnehmen können, was uns im großen geschenkt ist: daß die Dinge und Lebewesen eine Bedeutung haben, die immer schon da ist – und im Buch da ist als der Text, den wir mit unseren offenen Augen lesen, um dem Blick des Autors zu begegnen, einem Blick, den er uns geschenkt hat und in dem wir etwas von seinem Geist erhaschen und damit, im Spiegel, auch etwas von unserem Geist. Wir müssen nur innehalten und bei dem Bild verweilen, das die Seite uns bietet, so lange, bis uns das Bild erfüllt und wir schweigen können, um dem Geist Raum zu geben,

Vor langer Zeit hat man das noch gewußt: Die anhand der Lektüre der Bibel entwickelte *Lectio divina*, die göttliche Lektüre, schreitet vom Lesen der Schrift (*lectio*) zum Nachdenken über das Gelesene (*meditatio*) fort und erwartet im Gebet (*oratio*) von Gott Antwort auf das Nachdenken, um am Ende ganz in die schweigende Beschauung Gottes (*contemplatio*) einzugehen. Die Neuzeit hat diese vier Stufen auf zwei reduziert, in der Meinung, es genüge, über das Gelesene nachzudenken und dabei nur den lesenden Menschen in den Blick zu nehmen. Seither drehen wir uns im Kreis und wissen nicht, woher und wieso wir uns immer nur um uns selbst drehen, ohne jemals uns selbst finden zu können. Die alte Antwort darauf lautete: Du findest dich nicht selbst, solange du dich selbst bewahren willst, solange du dich nicht aufgeben und öffnen kannst für das, was dir vorausliegt und geschenkt ist: die dir immer schon gegebene Antwort Gottes, der in deiner Stille auf dich wartet mit dem unvordenklichen Sinn und Sein. Es braucht wenig, um diese Erfahrung zu machen; man muß das Buch nur in der rechten Weise öffnen und lesend und schauend bei ihm verweilen wollen.

IX Muß man sich schämen, wenn man ein Buch liest?

Wir sind vom schweigenden Verweilen im Hier und Jetzt weiter entfernt als je in der Geschichte der Menschheit. Unser Alltag ist angefüllt mit Zeug, Kram, Krempel und Geräten, mit »gadgets« und »stuff«, die unablässig blinken und uns mit bunt-bewegten Bildern laut unterhalten wollen. Von all diesem technischen Zeug, das uns in zunehmender Dichte umgibt, geht ein eigentümlicher Sog aus: Zu der unstillbaren Neugier, mit der wir staunend auf alles Neue reagieren, gesellt sich das den Geräten mitgegebene Versprechen, wir könnten dank der allerneuesten, die wir gerade gekauft haben, die Welt, wie sie ist, überwinden. Dazu müßten wir die neuen Geräte nur einschalten, und schon, so glaubt man, würde auf uns eine wunderbare Zukunft zustürzen, vor der die Gegenwart in immer heller werdendem Grau allmählich verblaßt. Aber die Zukunft, die da auf uns zustürzen soll, kommt in Wahrheit niemals bei uns an. Denn das eben noch Neue hat seine und unsere Zukunft schon verspielt, wenn wir es einschalten: Im Augenblick des Einschaltens fügt es sich in die Gegenwart all jener Geräte ein, die jetzt gerade in Betrieb sind – und damit ist es so schal und alt geworden wie all die anderen bereits vorhandenen Geräte.

Das mindert den Sog der Geräte nicht im geringsten, im Gegenteil, es verstärkt ihn. Denn mit jedem neuen Gerät verbindet sich die Hoffnung, doch noch und endlich zur Zukunft durchstoßen zu können. Und wenn es dann wieder nichts damit war, schiebt man die Enttäuschung auf das im Einschalten so gegenwärtig-alt gewordene Gerät und kauft mit neuer und größerer Hoffnung das allerneueste Gerät. Auf diese Weise wächst mit den Hoffnungen zugleich die Müllhalde sinnlos gewordener Geräte, aber wer mitten im Sog steht und Tag für Tag und mit jedem neuen Gerät sich in die Zukunft locken läßt, muß das noch nicht einmal bemerken. Denn solange er den Blick starr nur nach vorne gerichtet hält, sieht er die Müllhalde in seinem Rücken nicht und kann sich weiter von einer Zukunft faszinieren lassen, die gerade dann, wenn sie niemals bei ihm ankommt, faszinierende Zukunft bleibt. Er muß lediglich, um fasziniert zu bleiben, das jeweils neueste zukunftsverheißende Gerät kaufen, ein Gerät, das alle wollen (denkt er), aber durchaus noch nicht haben – und schon kann er sich als stolzer Angehöriger einer technischen Avantgarde fühlen, die all die anderen beschämt, die mit ihren alten Geräten in der Vergangenheit steckengeblieben sind.

Aber es ist ein ganz kindlicher und kindischer Stolz, der sich da meldet. Denn jeder Schritt, den wir mit dem allerneuesten Gerät in die Zukunft zu tun meinen, führt uns immer weiter in eine Gerätewelt hinein und verdichtet und perfektioniert unsere Welt zunehmend als ein technisches System, das mit seinem immer rasanter werdenden Veränderungstempo den alten Adam, der seit Menschengedenken derselbe ist, schließlich zu überwältigen droht. Daraus schließen viele, daß auch der alte Adam zu perfektionieren sei, um, wie Günther Anders einst schrieb, nicht mehr als fleischlicher Tölpel in seiner kreatürlichen Ungenauigkeit vor den Augen der perfekten Apparaturen stehen und eine »prometheische Scham« empfinden zu müssen: die Scham, als von einer Frau geborener Mensch hinter der menschengemachten Technik zurückzustehen. Und also glaubt man, es sei richtig, den Menschen nach dem Bild der Maschine zu modeln, will sagen: Adam zu dehumanisieren und ihn als ein der Perfektion fähiges Gerät in die uns umgebende technische Umwelt einzufügen.

Der Schluß von der angenommenen Perfektibilität des technischen Maschinensystems auf die erwünschte technische Perfektibilität des Menschen ist freilich in jeder Hinsicht falsch. Denn erstens erfahren wir im Alltag zur Genüge, daß die Geräte, die wir in immer größerer Zahl erfinden und zu immer komplexeren

Systemen zusammenschließen, um unseren Alltag technisch immer perfekter zu gestalten, gar nicht im Zustand eines technischen Optimums gehalten werden können. Vielmehr führt die Zunahme der Geräte und ihre zunehmende Komplexität und Vernetzung dazu, daß die technischen Systeme schließlich überkomplex werden und versagen: Fahrzeuge fahren nicht mehr, Flugzeuge fliegen nicht mehr, Unterseebote tauchen nicht mehr auf und Satelliten fallen aus dem heiteren Himmel. Zweitens aber zeigt sich spätestens im Versagen der technischen Systeme, daß sie immer schon auf den Menschen angewiesen waren, um funktionsfähig zu werden und zu bleiben. Daß der Sog der Geräte und Maschinensysteme zu einer technischen Welt führen könnte, die sich vom Menschen abkoppelt, ihn überholt und als »wetware« schließlich in die technischen Systeme integriert, ist daher nichts weiter als eine Illusion, die sich im ontologischen Status von Technik versieht: Technik ist und bleibt dem Menschen nachgeordnet, er ist ihr immer einen Schritt voraus, als ihr Schöpfer und Erhalter. Der Mensch ist im technischen System die bleibende Lücke, die verhindert, daß sich das System hermetisch abschließen und zu einer sich selbst erhaltenden Global- und Totalmaschine werden kann.

Wir haben daher als Menschen nicht den geringsten Anlaß, uns angesichts der Maschinen als fleischliche Tölpel zu fühlen und ihnen gegenüber eine »prometheische Scham« zu empfinden. Wir haben aber sehr wohl Anlaß, uns zu schämen, wenn wir den Menschen, um ihn nach dem Bild der Maschine zu modeln, als ein der technischen Optimierung fähiges Ding betrachten und nicht als ein Lebewesen, das nach der vollkommenen Ausbildung seiner Anlagen strebt. Diese Scham ist eine Scham, die der Mensch im Angesicht der anderen Menschen empfindet, wenn er bemerkt, wie die anderen bemerken, daß er etwas getan hat, was er nicht hätte tun sollen. Es ist eine Scham, die den Menschen nicht betäubt, sondern freimacht, indem sie ihn aus dem Sog der technischen Geräte herausreißt und auf sich selbst zurückwirft, so daß er die Differenz zwischen sich als eines geistbegabten Lebewesens und der Technik als eines ihm mitgegebenen Mittels zur Gestaltung der Welt neu erfahren kann. Die Scham darüber, sich zum Tölpel der Maschine gemacht zu haben, ist der erste Schritt aus der Maschinenwelt.

Wenn wir diesen Schritt machen, dann verlassen wir die Zone der technischen Unruhe, die uns auf eine Zukunft orientiert, die niemals bei uns ankommt und stets unvollendet bleibt. Statt dessen finden wir uns in der Gegenwart und in der Wirklichkeit wieder, in der die uns umgebenden Artefakte davon Zeugnis ablegen, daß wir als Menschen in einer Kultur stehen, die uns als eine von unseren Vätern und Vorvätern geschaffene vorausliegt und die wir in unserem eigenen Tun und Machen verändern, um sie unseren Kindern und Kindeskindern zu übergeben. Als Kulturwesen zu leben heißt *jetzt* zu erfahren, was uns *jetzt* als Wirklichkeit umgreift, um in diesem Jetzt zugleich zu erfahren, daß wir diese Wirklichkeit als eine von uns nicht gemachte zu übernehmen und in eigenem Tun und Machen aus- und weiterzubilden haben, darin uns selbst aus- und weiterbildend im Rahmen unserer Anlagen.

Was wir »Identität« nennen, ist das reflektierte Verhältnis dessen, was wir nicht gemacht und getan haben, zu dem, was wir machen und tun und werden wollen. Diese Identität ist auf der Ebene der Person im Leib fundiert und auf der Ebene der Kultur im Ensemble von Artefakten: Sie sind das uns jeweils Vorausliegende, ohne das wir in unserer Welt nicht leben und handeln könnten und das wir zu pflegen und zu bilden haben. Unter den Artefakten ragt das Buch als ein besonderes hervor, weil es, anders als die anderen Artefakte, uns im Gebrauch nicht nur die Welt erschließen hilft, sondern diese Welterschließung auch anzeigt: in das Buch hat begreifbar, lesbar und beschaubar ein Geist eingeschlagen, der uns in allem, was wir machen und tun können, vorausliegt.

Um das zu erfahren, genügt es, auf die aufgeschlagenen Seiten zu schauen, bis wir sie als das Abbild des Geistes erkennen, der sich in ihnen verkörpert. Er ist in seiner Fülle jetzt und hier da und stürzt nicht erst aus einer fernen Zukunft auf uns zu, um in diesem Sturz jedes Mal an uns vorbeizustürzen. Man erkennt den

Unterschied, um den es hier geht, sehr leicht an den grundlegenden Gesten, mit denen wir das technische Medienzeug auf der einen Seite und das Buch auf der anderen Seite begreifen. Das eine Mal wischen wir mit den Fingern über Bildschirme, um uns etwas anzeigen zu lassen, das präsenzlos auf dem Bildschirm leuchtet, bis wir es im nächsten Moment gelangweilt und um einer besseren Zukunft willen wegwischen; das andere Mal halten wir ein Buch als ein Stück Wirklichkeit in Händen, in dem das Geschriebene ein für allemal und so feststeht, daß keine Wischgeste es zum Verschwinden bringen könnte. Alles bleibt im Buch so, wie es jetzt ist, und dieses Bleiben ist das offenbare Geheimnis des Buches.

So sehr wir auch in unserem Machen und Tun die Welt verändern, immer bleibt unser Machen und Tun davon abhängig, daß die Dynamik der Veränderung sich im Rahmen einer Wirklichkeit bewegt, in der wir uns klug zu verhalten haben. Klug aber sind wir, wenn wir die Dinge nicht mutwillig zerstören und die Menschen nicht dreist übertölpeln, sondern sie je in ihrer vollen Wirklichkeit wahrnehmen, soweit wir es vermögen. Und wir vermögen es, weil die Dinge, Lebewesen und Menschen uns nicht verschlossen sind, weil sie vielmehr als Gegenstände ein »Sein für uns« haben, weil in dem, daß unser Geist die Welt für uns aufschließt, die Welt sich insgesamt als von einem Geist durchwebt zeigt, dem wir uns im Schweigen öffnen können – um zu erfahren, was die Wirklichkeit in Wahrheit ist.

Das Buch orientiert uns auf diese Bewegung vom Endlichen zum Unendlichen, weil es in sich selbst diese Bewegung darstellt. Es ist Artefakt und damit Ding, aber es ist zeichentragend-bedeutsames Artefakt und damit ein erkennbar geistdurchtränktes Ding, das uns einlädt, auf die Wahrheit der Dinge zu hören und zu schauen: daß in ihnen das Licht des Geistes leuchtet. Dieses Leuchten des Geistes ist ein ganz anderes Leuchten als der blaue Strahl, der aus dem Medienzeug auf unser Gesicht fällt und unseren Geist aufsaugt, um ihn in eine nie bei uns ankommende Zukunft zu locken. Es ist vielmehr das Leuchten eines Blickes, das unseren

Geist sammelt auf eine Wirklichkeit, die je und immer schon ist und bleibt, hier und jetzt, in ihrer unausschöpflichen Fülle, in dieser aufgeschlagenen Doppelseite. Wer das zu sehen vermag, darf sich glücklich schätzen; für ihn wird die Fülle des Seins sichtbar und darin die Fülle seines eigenen Wesens. Wer das zu sehen vermag, hat keinen Anlaß mehr, sich zu schämen, wenn er ein Buch in die Hand nimmt und aufschlägt.

X Geben wir dem Buch eine Zukunft?

Wenn wir schweigen, kommen all die unangenehmen Gedanken, die wir so gerne beiseite wischen. Das weiß nicht erst die moderne Psychologie, das wußten schon die frühchristlichen Mönche, die sich südwestlich des Nildeltas in die Einöde zurückgezogen hatten, um sich dort in der Stille einer Gebetspraxis zu widmen, die die Seele reinigen, zur wahren Erkenntnis befähigen und dadurch für Gott empfänglich machen sollte. Aber den Gebeten stand eine Fülle von störenden Gedanken gegenüber, die sinnenvermittelte Lust und Unlust bereiteten und die Euagrios Pontikos (345–399) zum erstenmal in acht Klassen von »Dämonen« einteilte, gegen die zu kämpfen war, wenn man leidenschaftslos, klug und gerecht werden und Gott nahekommen wollte: Völlerei, Wollust, Habsucht, Trübsinn, Zorn, Trägheit des Herzens, neidische Ruhmsucht und hochmütige Eitelkeit. Der Kampf, den die Mönche begonnen und der Nachwelt aufgetragen haben, war nicht leicht und ist es bis heute nicht, denn die »Dämonen« schrauben sich in uns hinein und bringen unsere Versuche, uns klug und gerecht und – warum nicht? – gottgefällig zu verhalten, kläglich zum Scheitern. Wir bleiben, trotz bester Absichten, der alte Adam, der wir waren und sind, und das ist eine unschöne Entdeckung. Diese Entdeckung vermeiden wir Heutigen aber auf sehr einfache Weise so, daß wir das Schweigen vermeiden und uns mit viel Energie ablenken, indem wir unsere Zeit mit jenen Medien vertrödeln, die uns mit einem blaßblauen Leuchten anstrahlen und uns mit bunten bewegten Bildern und Getön auf unterhaltsame Wege führen. Dort müssen wir uns selbst und unseren Dämonen nicht begegnen.

Lange vor all dem Medienzeug, das unseren Alltag zu bestimmen begonnen hat, war auch das Buch in den Verdacht geraten, ein Ablenkungsmedium zu sein. Als nämlich gegen Ende des 18. Jahrhunderts immer mehr Leser, vor allem immer mehr Frauen, immer mehr Bücher, vor allem immer mehr Romane, zum Vergnügen lasen und damit in eine Phantasiewelt abtauchten, diagostizierte man eine »Lesesucht« und befürchtete, sie würde die Leser strukturell unfähig zur Bewältigung des Alltags machen.

Diese Sorgen begleiteten das Buch rund einhundertfünfzig Jahre lang, vom neunzehnten bis etwas über die Mitte des zwanzigsten Jahrhunderts, als dank der Durchsetzung der allgemeinen Schulpflicht der Anteil der Lesefähigen auf nahezu einhundert Prozent der Bevölkerung gebracht und dank einer raschen Folge drucktechnischer Erfindungen die Herstellung des Buches derart verbilligt werden konnte, daß es als Massenbuch für einen Massenmarkt zur Verfügung stand. Das Buch war nun wirklich ein Massenmedium, aber es ging bei der Masse der Bücher immer weniger darum, die Leser zu bilden und zu einem Verständnis und einer Verbesserung ihrer Lebenssituation anzuregen, als darum, sie zu unterhalten.

Als dann die technische Entwicklung neue Medien hervorbrachte, mit denen die Massenunterhaltung noch billiger und noch einfacher zu haben war, war es um das Buch als Massenmedium auch schon wieder geschehen: Man mußte nun nicht mehr in eine öffentliche Bibliothek oder in eine Leihbücherei gehen, um sich zu Unterhaltungszwecken der zeitraubenden und anstrengenden Lektüre zu widmen, sondern konnte zunächst ins kurzweilige Kino, dann vor den Fernseher und zuletzt ins Internet gehen, das aufgrund seiner Integration von Text, Bewegtbild und Ton sich rasend schnell zum massentauglichen Universalmedium entwickelt hat.

Bücher, so scheint es mit Blick auf diese Entwicklung, wird man bald nicht mehr benötigen. Zumal auch die derzeit tonangebenden Naturwissenschaften für die Speicherung und Verbreitung von dem, was man so obenhin »Informationen« oder »Wissen« nennt, längst sich vom Buch abgewendet haben und die Fülle dessen, was sie in Fachzeitschriften veröffentlichen, elektronischen Datenbanken und Informationssystemen anvertrauen, die über das Internet bequem zugänglich sind. Wozu also noch das Buch, wenn es als Unterhaltungs- und als Informationsmedium obsolet geworden ist?

Die Antwort liegt in dem, was bei dieser Geschichte so gerne übersehen wird: daß eine Gesellschaft nicht nur über ein Informations- und Kommunikationssystem verfügen muß, mit dessen Hilfe sie Nachrichten aller Art, von Faktenmitteilungen bis zu Unterhaltungshäppchen, noch in ihre entferntesten Randbezirke schicken kann, Nachrichten, die getrost vergessen und gelöscht werden können, nachdem sie ihre Mitteilungs-, Unterhaltungs- und Lenkungsfunktion erfüllt haben.

Vielmehr braucht jede Gesellschaft auch Mittel, um sich in ihrer Identität begreifen und erhalten zu können. Diese Mittel findet sie nicht in einem geschwindigkeitsoptimierten, sonst jedoch gleichgültigen Fluß von Mitteilungen und Daten, sondern nur in dem, worin sie sich selbst als eine geschichtlich gewachsene und Zukunft wollende Gesellschaft anschauen und reflektieren kann: in den Landschaften, die sie gestaltet, in den Bauwerken und Monumenten, die sie errichtet, und in den Artefakten, die sie geschaffen hat. All das ist nicht schnell und darf es auch nicht sein, weil es erst durch die Verlangsamung und im Moment des Stillstandes zu dem kommen kann, was es jeweils ist: Etwas, was schon viel länger da ist als wir, etwas, das uns nicht fremd ist und wovon wir ein Teil sind, etwas, worin wir leben und dem wir uns anvertrauen können, etwas, in dem wir uns als Gewordene und als Werdende erkennen können.

Wer daher im Buch nur ein massentaugliches Unterhaltungs- oder Informationsmedium sieht, der verkennt, daß es ein Artefakt ist, dessen Langsamkeit und dessen die Jahrhunderte überbrückender Stillstand dafür sorgt, daß wir uns in einer Geschichte wiederfinden, die wir dank der Präsenz der Artefakte überhaupt erst als unsere Geschichte begreifen können. Diese Geschichte ist ein tiefer Schacht, der hinabreicht zu Tolstois *Krieg und Frieden*, zu Darwins *Entstehung der Arten*, zu Hegels *Phänomenologie des Geistes*, zu Pascals *Pensées*, zu Thomas von Aquinos *Summa theo-*

logiae, zum *Nibelungenlied*, zu Boethius' *Trost der Philosophie*, zur *Vulgata*, zu den Werken von Aristoteles und Platon, zur *Thora*, zur *Ilias* und zur *Odyssee*, zum *Gilgamesch-Epos*... Sie alle und noch viel mehr sind für uns da, nicht, weil sie uns allen, die wir jetzt leben, ständig bewußt wären, sondern weil sich ihr Für-uns-Sein dem einfachen Umstand ihrer bleibenden Präsenz als Artefakte verdankt: in den Handschriften und Drucken, in denen sie tradiert wurden und die man in Bibliotheken aufbewahrt, bis heute, um sie für die Nachgeborenen bereitzuhalten.

Das Buch schafft diese Präsenz auf unauffällige Weise, indem es den Text, der eine Struktur ist, aufs Papier bringt und damit zu einem Werk macht, das ein Artefakt ist. Und das heißt: Erst im Artefakt namens Buch erscheint der Text *als* die Struktur, die er ist, indem er sich in die dreidimensional-materielle Struktur, die das Buch ist, einfügt. Sobald das geschieht, und es geschieht immer »im Anfang« (*in principio*), sind Text und Buch für alle Zeit miteinander verbunden und können ihren Platz im Schacht unserer Geschichte finden.

Entscheidend ist, darin den Modus des Geistes zu erkennen, der gar nicht anders präsent sein kann als dadurch, daß er sich vergegenständlicht und in jenen Artefakten zu sich kommt, die als Zeichen-Dinge in ihrem Vorhandensein über das bloße Ding-Sein hinausweisen auf ihn als den Geist, der sprach-, zeichen- und sinnmächtig die Geschichte des Menschen als unsere Geschichte geformt hat und weiterhin formt. Das genau ist es, was im Buch geschieht, was es »kann«, was es als »Werk« in Erscheinung treten läßt und sein »Wesen« ausmacht: daß es eine Form des Geistes ist, der in ihm konkret-materieller Teil einer Kultur wird. Immer ist es eine Kultur, die den Geist in Form *dieser* und *nicht jener* Buch-Artefakte bewahrt und pflegt, eine Kultur, in der die Leser im Schauen auf und in das Buch erfahren, daß der Geist, ihr Geist, in dieser oder jener und allen anderen Vergegenständlichungen nicht aufgeht, sondern ihnen immer einen Schritt voraus ist, einen göttlichen Schritt.

Das ist der Grund, warum wir im Schacht unserer Geschichte auf jeder Stufe nach unten und zurück dank des Buches auf einen Sinn stoßen, der uns vorausliegt und uns als Grund trägt: Immer finden wir, wenn wir ein Buch finden, einen Geist, der uns nicht fremd ist, weil er, um schöpferisch zu sein, sich selbst als Geist transzendieren und in diesem Transzendieren eine Gestalt geben mußte, die wir nun als Buch in Händen halten können. Das trägt uns, weil wir, wenn wir ein Buch zur Hand nehmen, unser eigenes Wesen im Buch gespiegelt finden: Wir erfahren, daß wir uns, um Geist zu sein und an ihm teilzuhaben, eine Gestalt geben müssen, die als Buch immer und stets weit mehr ist, als nur dieser unser individueller Geist. Wir erfahren uns im und durch das Buch als ein Wesen, das sich und die Welt transzendiert und dabei auf einen Geist schaut, in dem es immer schon geruht hat, weil die ganze Schöpfung in ihm ruht und er seit je auf sie blickt.

Und so bemerken wir, daß der Schacht unserer Geschichte kein dunkler Schacht ist, der nur da und dort durch unsere individuellen Geistesblitze erhellt wird. Wir bemerken vielmehr – sobald sich unser Auge gewöhnt hat und erkennen kann, was zu erkennen ist –, daß der ganze Schacht von einem leisen Glimmen durchleuchtet ist, das von weither und ganz unten zu kommen scheint, zugleich aber auch von weither und ganz oben. Es ist das Glimmen der Artefakte, die von einem Wir kommen und auf ein Wir gehen, das größer ist als wir und in dem wir uns seit unvordenklichen Zeiten spiegeln.

Das ist der Grund, warum wir, wenn wir in ein Buch schauen, in uns selbst schauen und in jenes Andere, von dem her und auf das hin wir sind. Das ist nicht leicht, denn diese Schau hängt davon ab, daß wir uns im Schweigen üben; und es ist auch nicht angenehm, denn in der schweigenden Schau in das Buch melden sich die Dämonen. Aber es ist der einzige Weg, die Dämonen zu überwinden: der einzige Weg, auf dem wir das Maß finden können, das uns und anderen zukommt; auf dem wir jene tapfere Widerstandskraft gewinnen können, die uns hilft, die Welt zu verbessern und das

Unverbesserliche zu ertragen; auf dem wir erfahren können, was gerechtes von ungerechtem Handeln unterscheidet; und auf dem wir, alles in allem, so klug werden können, wir wir werden müssen, um gerecht, tapfer und mit Maß zu handeln.

Ob das Buch eine Zukunft hat, ist daher keine technische Frage, die mit Blick auf die Vor- und Nachteile dieses oder jenes Mediums, das mit dem Buch konkurriert, beantwortet werden kann. Es ist vielmehr im letzten eine moralische Frage, die, indem sie nach dem Buch fragt, nach dem Menschen fragt und jenem Grund, der ihn trägt. Die Antwort auf diese Frage ist überraschend leicht zu finden. Sie steht im Buch.